一本正经屁学
FARTOLOGY

(英)斯蒂芬·盖茨 著
(Stefan Gates)
刘咏钢 译

辽宁科学技术出版社
·沈阳·

目录

开篇直言　　　　　　　　　　　　4

第 1 章　屁的化学知识　　　　　　10

第 2 章　屁的生物学知识　　　　　36

第 3 章　屁的物理学知识　　　　　82

第 4 章　屁的医学知识　　　　　　104

第 5 章　屁的冷知识　　　　　　　128

开篇直言

每个屁都有故事

你好!我猜你现在有点紧张,却也兴奋激动。你将开启一段充满惊喜的发现之旅。因为这个故事要说的是你身体的原生之美,它具有非同寻常的复杂性和惊人的精巧之处。屁的故事源自你身体里数万亿的微生物不知疲倦地工作,是进化的非凡成就,涉及了食物定义的方方面面:美味的化学混合物,诞生于热到令人尖叫的太阳等离子体的物理学和生物学,光合作用产生质变,生物化学使其成为有形物质,新陈代谢形成肌肉、脂肪和蔬果可食用的部分,通过乐与痛、感官认知、爱、自责和尴尬创造了人类。

但是,暂时不论科学如何壮美吧,因为科学并不在乎你——它一向如此,没有道德上的条条框框,也没有什么责任意识——它只是创造了你,然后将脆弱的你抛入一个由科学事实构成的世界。但是,与你切身相关的某些方面是能超越事实的约束的:你

的自我意识，你的抽象推理能力，还有爱、恨、相信以及乐在其中的能力。当然，还有你放出粗鲁的屁时，感觉到的尴尬、窘迫。身为人，生活让我们在科学知识和混乱的自我情绪意识之间挣扎较量，而屁因此让我们拥有高声表达的力量。掌握冷漠的科学知识，大声呼喊，你知道自己能够理解，坦然接受科学赋予的一切，将科学玩转于股掌之中，时而轻快地释放。

屁是人类光荣的高声警报器，大声清楚地宣告你和我都是极重要的人，充满活力，有缺点，自知自觉。科学创造了我们，但是我们比科学更卓越。一方面我们被套在一个要求我们压制真实本性的人类社会里，而另一方面，我们的本能欲望怂恿我们去反抗。屁污秽但无辜，无所顾忌又肮脏，它们由地球出品，是有机的、复杂的、贴心又臭臭的，它们的存在证明我们拥有真实、简单的美——哦，太美了。

开篇直言

诗人安德鲁·马维尔说过：

来吧，将所有的力量和所有的
甘甜卷进那个球里，
用汹涌的冲突撕碎喜悦，
穿过生命的铁门。

我确信，他说的是要了解自己的身体，爱自己放的屁。

屁就是屁

现在，我们来说点别的。屁就是屁。如果这是一本关于屁（flatus）的医学专著，那书中一定满是嗳气、流溢、基础这样的词语，但它不是。这是一本关于屁、气味和屁股的科普书，为的是吸引你，让你爱上自己的身体，用科学启发你。除非那些专业术语能让意思表达得更清楚、易懂或者更有趣，否则它们是不会出现在这里的。屁就是屁，屁股就是屁股，我喜欢这样，如果有必要的话，我们会谈谈屁股，而不是肛门。

不是说这是一本与屁有关的笑话书（这本书里是有与屁有关的笑话，能让你平静无波的生活泛起涟漪，变得没那么无聊），我相信这本书还会吸引你，因为它有 3 个非常直白的动机：

1. 让你爱上科学。
2. 让你不再因为憋住屁或者本能地放屁而遭受生理和社交上的不安，并从放屁中受益。
3. 让你笑。

为什么是我写这本书？

我总是放屁，放很多屁，现在还是会在放屁的时候觉得有那么一丁点儿的尴尬，但是我在努力坦然应对。我对科学的爱还带着崇敬之情，尤其是当它和食物混合在一起的时候——我是个美食家、电视节目主持人，还是一名美食和科学的传播者。我和我的小团队一起筹划创作大型舞台节目，在世界各地演出。我们让复杂的科学变得更吸引人，更具爆炸性和颠覆性的认知效果。我做过胃镜检查、核磁共振，还吃过胶囊内镜，做过抽脂手术，为的是揪出那些导致人类产生脂肪的烹饪食材。我爱自己放出的屁，希望你也喜欢你的屁。

一个和医学有关的注释

这绝不是一本医学书，也不想给那些遭受肠胃疾病困扰，例如肠道易激综合征（IBS）病人什么建议，尽管我真的很同情他们的遭遇。还是去看医生吧，不要用这本书里写的东西作为治疗方法。

科学来源

有关屁的科学文献寥寥无几，并且大多根本谈不上什么宽泛、迥异的方法论和研究规模。我已经同肠胃病研究学者们一起确认过这本书里说的一切都是准确的，我们考虑过不同的结果，走出一条自己的科学之路，但是如果你有任何新的发现，能更清楚地表述屁，我洗耳恭听。

第 1 章
屁的化学知识

第 1 章 屁的化学知识

基础知识：什么是屁？

人都放屁。屁就是你的消化系统中与生俱来、健康的组成部分，一般每个人一天中每 10 到 15 分钟就会放一次屁，产生平均 1.5 升的气体。我们在夜间放屁的次数会减少，但是会因为来自胃部的反射作用强力启动了结肠而在开始吃饭时放屁次数增多。按排气体积计算的话，女性放屁的次数会少于男性，但是她们的屁容易产生更重的气味儿。屁的排气体积和气味与你所吃的食物有很大的关系。排气量大、气味重的屁并不比量小、气味轻的屁更健康。

你放的屁中 25% 的气体只是你吞入的空气，它们在你的身体里一路穿行而过，而剩下的 75% 的气体是由各种消化过程，主要是你体内的肠道细菌分解膳食纤维产生的。屁的最佳动力来源是以合成碳水化合物的形式存在的，尤其是那些在豆类、根菜类蔬菜、洋葱、卷心菜和花椰菜这类芸苔属植物以及水果和乳制品中多见的，被称为寡糖（糖类，由 3～15 个单糖分子组成）的分子。这个过程就是我们所知道的发酵、新陈代谢、分解或者消化过程，它是厌氧的，也就是说这个过程中没有氧气的参与（你肚子里数百万亿的细菌无法在富氧环境中生存下去）。

> **"要知道，你的肠道里装载着数百万亿不属于人类的异族生物。"**

要知道，你的肠道里装载着数百万亿不属于人类的异族生物。人类种群之间的排气量和气味差别巨大，各种研究表明每天的差异量从 400 毫升到 2.5 升不等，并且气体和气味类型也是多种多样的。这是因为居住在我们结肠中的细菌类型和数量有本质的差别。结肠（也被称为大肠或肠）是绝大多数产气细菌居住的地方。

屁的绝大部分是二氧化碳、氢、氮和二氧化硫的混合物。一部分二氧化碳是由来自胃部的酸性胃液与来自小肠的碱性分泌物进行酸碱反应产生的，但大多数二氧化碳还是由肠道细菌制造的。细菌性发酵产生了氢，而氮则主要来自于我们吞入体内的空气（空气中的氧气在

屁的气味

先说说屁的组成部分。通常,99%以上的屁是由完全无味的物质组成的:氮、二氧化碳、氢和甲烷,能让人嗅到气味的部分是在剩下的那1%里。屁的气味可能是由数十种甚至成百上千种不同的混合物组成的,这取决于你身体里的肠道细菌和摄入的饮食。你瞧,屁的气味并非只来自一种化学混合物——会有几十种,也可能几百上千种。顺便说一下,草莓含有30种以上的混合物。但是迄今为止,科学家在对可可芳香气味的分析中已经鉴别出20000种分子,而其中大约75%的分子是科学上的首次发现,真是让人难以置信。

胃部和小肠的第一段就被剥离干净)。有些人体内会产生易燃的甲烷,这是因为他们体内有特殊的会产生甲烷的细菌。

让我们的屁有臭味的气体只是屁中包含的极少数组成成分,通常不超过排气量的1%,而臭味来源于微量硫化氢和其他几种混合物。

你可能想象不到人的消化过程有多慢。尽管先吃下去的那些饭菜可能已经在 2 个小时内穿过胃进入你的结肠（并且从理论上讲已经开始产生气体），但是成年人一餐饭完全消化通常耗时 50 个小时左右，儿童少一些，33 个小时，并且很大程度上还要取决于你吃的是什么，你的身体机能如何。食物一般需要用大约 4 个小时的时间通过你的胃，6 至 8 个小时通过小肠（如果小肠里有很多脂肪的话，耗时会更长），之后，到了大肠一切大幅度降速，它们需要大约 40 个小时穿过大肠。整个过程男女耗时不同：男性消化系统中，仅结肠部分平均耗时 33 个小时，而女性平均耗时 47 个小时。

屁就是大便的气体版本吗？

我们都知道这个问题真正要问的是什么：如果我闻到了别人放的屁，是不是从根本上说我吸入的其实是别人的大便？如果真是如此，我是不是该掐断气味防止患病？答案是"不"。

大便

大便（如果要正儿八经地说，也叫排泄物）是个叫人神魂颠倒的东西——"代谢废料物质"这个短语仅仅做到了表述公正。每个人的大便是不同的，但是一般每人每天的大便重量约 100 ~ 225 克，其中 75% 是水，25% 是固体物质。那里有膳食纤维、大量细菌（死菌活菌都有）以及很多其他混合物（完整的成分分解请见第 72 页）。

屁

　　相比之下，屁几乎全是气体：氮、氢、二氧化碳和甲烷，还有微量的相同味道的挥发物：硫化氢、甲硫醇、吲哚（靛基质）、粪臭素和二甲基硫醚。所以，只要略一分析，你就会知道屁和大便完全不一样。

让我们再回到前面的问题"屁就是大便的气体版本吗"？细菌真的是太小了（0.2～10微米大小不等——病毒甚至更小）。一部分细菌会在屁冲出肛门的时候被喷出，伴着其他气体在空气中传播。有些细菌在空气中飘浮时可以存活，例如结核杆菌是一种依靠空气传播的细菌，可以在空气中飘浮存活数小时（结核病通常是在感染者打喷嚏、咳嗽或者说话时通过空气传播的，但是放屁不会）。绝大多数能在空气中传播的细菌很可能快速死于脱水或者紫外线辐射。但是，你确实会从别人的屁里吸入细菌。

我们的确会吸入在空气中传播的别人屁里的气体成分，但是几乎不可能有太多的固体物质。可是（这可是个大大的可是）这些气体会和藏在你前额后的嗅球相互作用，因此，别人的屁中会有少数几个分子会以有趣的方式成为你身体的一部分，但是只持续那么一小会儿。

那么，证据呢？

这方面的研究真的很少，但是英国医学杂志确实转载了《堪培拉时报》上一则卡尔·克鲁兹尔尼奇医生的消息。卡尔医生在澳大利亚工作，一个护士曾经问他在手术室里放屁行不行。他不知道怎么回答，于是他和一名微生物学家合作，请一位同事在5厘米以外对着陪替氏培养皿放屁，一次是全身着装完好，一次是脱掉了裤子。他们要看看到底会发生什么。第二天,他们查看了培养皿,发现穿着衣服放的屁没有细菌生长,而另一个没穿衣服放的屁产生两团明显的(无害)菌群——通常只在人体内脏和皮肤上会发现它们。

所以,屁与大便大不相同,但的确,屁从理论上讲是含有微量细菌的。衣物似乎起到了过滤、牵制细菌的作用。那么,我们从中能得出什么结论呢?如果你距离一个没有任何遮挡的、裸露的屁源体5厘米……喔,你或许离得太近了。

屁为什么会有气味?

我们都爱自己的屁味(得了别否认,你就是爱),特别是当我们身处一个密闭空间或者裹着羽绒被享用荷兰烤锅*的时候。可那臭气又是从何而来呢?

当兢兢业业的细菌消化残留在结肠里的剩余食物时,它们会创造出高挥发性的气体,这时,屁味就开启了新的旅程。这是一个被称为新陈代谢的了不起的过程,其间复杂的合成分子会被分解成单一分子(分解代谢),同时产生新的分子(合成代谢)——大量的气体就产生了。

*荷兰烤锅意指在床上全身裹在羽绒被里表演放屁。给朋友或者伴侣做这样的表演可以活跃气氛,但也危机四伏,据说这是美国百老汇歌星、演员埃塞尔·默尔曼和美国电影演员欧内斯特·博格宁婚姻失败的原因之一。

绝大多数屁是完全无味的（氮、氢、二氧化碳、甲烷这些都是没有臭味的），但有趣的是挥发性气体的少量气味也能产生气味。它们不容小觑之处在于它们不仅仅非常臭，还具有挥发性，也就是说它们能轻而易举地变成蒸汽**，它们由此得以在空气中四散飘浮，钻进你的鼻子。

构成每个屁的混合物是不同的，因为食物分解产生的副产品不同，通常产生于肉类、坚果、种子和豆类等高蛋白食物中的蛋白质。最刺鼻的屁通常是由我们膳食中的氨基酸（构成蛋白质的基本物质）制造的。很多食物中都含有氨基酸，但是豆类、奶酪和肉类中的相对更多。从体量上看，它们不是最容易产屁的必备物质，但一般是产生臭味的必备条件。

** 科学家们在介绍理论观点时常常不解释透彻，总给外行人留点不加解释的内容，给所有关注者制造真相封锁，故作高深实在令人恼火。就由我来解释吧。物质的状态按照以下顺序排列：1. 固体；2. 液体；3. 气体；4. 等离子体。但实际上没有表面看上去那么清楚明了。因为水即使低于其沸点时也可以以气体的形式存在。例如，当你将湿毛巾放在阳光下时，水分子会缓慢地蒸发直至毛巾变干。水分子因为自身具有能量而四处跃动，直到某个猛烈的撞击意外使它撞入别的水分子中，如此一来它们就拥有了足够的能量逃离湿毛巾，即使低于水的 100 摄氏度沸点也能成为气体。这就像布朗运动，是随机的，但是因为这种现象的产生涉及数万亿分子，规模庞大，所以是可预见的。易于蒸发成蒸汽的物质都是不稳定的，具有挥发性：它们能轻松逃离母体物质，在空气中快速移动。

最臭的屁味：
1. 氢硫化物 = 臭鸡蛋
2. 甲硫醇 = 烂白菜
3. 三甲胺 = 鱼腥味
4. 丁酸甲硫醇酯 = 干酪味
5. 甲基吲哚（粪臭素）= 猫咪粪便
6. 吲哚（靛基质）= 味道丰富的狗屎
7. 二甲基硫醚 = 卷心菜
8. 硫醇 = 蛋腥味

屁从屁股到鼻子的这段旅程很简单：屁被放出之后，这些挥发性气体就能进行空气传播了，因布朗运动而融入我们周围的空气中（我们周围的空气中基本上有数以十亿计的分子是人类肉眼不可见的，并且这些分子会不断地四处移动，彼此碰撞融为一体，以随机的运动方式离开它们的源头，四处传播）。这是超大规模的运动，这些气体相对均匀地散播到屁股到鼻子之间的空气中，再继续扩散的。

接下来说说嗅觉。 在你呼吸的同时，那些带有气味的挥发性物质被你吸入，取道鼻腔一路上行，直到它们找到嗅觉上皮的黏液。这些黏液与位于你前额后的脑内嗅球相连。一部分分子被黏液溶解，

第 1 章 屁的化学知识

而这些黏液是不断流动的，大约每 10 分钟完成换新。被溶入黏液的气味分子随即被嗅觉器官的化学感受器（能够察觉有气味的化学物质的小结构）发现。化学感受器通过神经元上一个邮票大小的斑点向你的嗅球发出细小的电子信号，再通过轴突（可以将它们想象成超级细小的电缆）向大脑继续传递信号，随后信号被解读，让你感受到屁的味道。

有一个小秘密要告诉你：没人知道气味分子到底是如何与嗅觉感受器互动，发出能够甄别独特气味的详细消息。过去，人们认为这个工作原理就像"锁和钥匙"：每一个气味分子就像一把钥匙，适用于某个特定的化学感受器锁。问题是我们能够闻到的不同的气味混合物约数万亿个，如此一来我们就需要数万亿个不同的化学感受器，这似乎不太可能。我们知道有 400 个基因为嗅觉感受器组建了遗传密码。想想我们的双眼仅用 4 个受体就能产生我们可见的所有色彩，那么有这个论断就不足为奇了。

实用建议

我时常在半夜需要放出一阵"风"，但我不知道它是芬芳的还是熊熊涌动的酸臭味、消化不良的恶臭味。出于对妻子的尊重（她很看重睡眠质量），我通常会将双手握成杯状，让那"风"恣意吹入，这样我能引导它离开妻子那精巧的鼻子（她的嗅觉真的非常灵敏）。想来，也许我只是在分享方面毫无建树。

关于屁的气味

屁气 （或者有味道的挥发性物质）	气味 （以 10 分为最高，我会给腐臭程度打分）	说明
硫化氢 (H_2S)	臭鸡蛋 9/10	强度高，毒性强，具有可燃性、侵蚀性和爆发性。多种膳食纤维的产物。蛋白也含有大量卵清蛋白，分解后与氢产生反应，产生硫化氢。只有肠道中含有硫酸盐还原细菌的人体内可以制造出这种气体，而已知大约 50% 的人体内含有这样的细菌
二甲基硫醚 (CH_3SCH_3)	有时被描述成烘豆、卷心菜、甜玉米和腐肉的混合物 7/10	有时会被用于汽油精炼、食品调味和纸制品生产

甲硫醇 (也被称为甲基硫醇) (CH_3SH)	臭鼬的臭味、臭鸡蛋、微微的蒜味 7/10	像二甲基硫醚一样,将它加入家用气体中,使无味的甲烷变得"可闻"。即使浓度低至十亿分之十,你也可以闻到,可见它的气味有多强烈
三甲胺 (C_3H_9N)	臭鱼、汽油、氨气、家用燃气 8/10	被用于食品调味剂加工业,可增加鲜味甚至产生肉味
硫代丁酸甲酯 ($C_5H_{10}OS$)	奶酪、鸡蛋、硫磺 7/10	可见于草莓芳香中。有时会被添加到食品中,提升奶味、番茄甜味、水果香味以及其他令人胃口大开的气味
粪臭素 (也称3-甲基吲哚) (C_9H_9N)	汽油、瓦斯、猫屎 7/10	尽管这是美国军方使用的非致命的秘密武器之一,我们在消化食物,尤其是肉类、蛋白和大豆时所用的氨基酸色氨酸就可以产生粪臭素
吲哚 (C_8H_7N)	崭新的橡胶足球,淡淡花香,狗屎,一般动物身上的味道,橘子花香 7/10	和粪臭素一样,吲哚也是由我们肠道中的氨基酸色氨酸分解产生的。它常被用于香水加工,特别是茉莉花油的合成

男人的屁和女人的屁有什么不同？

《肠道》杂志（1998年第43期，第100～104页）曾发表一篇研究论文，文中明确指出女性的屁比男性的更难闻（如果有谁说我这是人身攻击，那我只能道歉了）。女性的屁不只是闻起来更臭，而且因为构成屁臭的主要气体浓度更高，所以总体来说更难闻。研究发现，女性的屁中硫化氢的浓度和体量分别比男性的高200%和90%，甲硫醇的浓度比男性的屁高出20%。当我问两名有经验的闻屁师（是的，这是一种职业）时，他们显然对女性的屁味更抵触、讨厌。说实在的，这项研究规模很小，只有16名志愿者参与，但是这个微小的研究领域因为样本数量少，研究项目寥寥无几而闻名。加油——200%！加油，姑娘们！

 "女人的屁比男人的更易燃……"

但女性放屁的量就不如男性的多了。有专项研究显示，男性每个屁平均118毫升，超过了女性的89毫升，而且在放屁次数的绝对数量上也胜过女性：男性放屁的次数与女性相比的比例为52∶35。加油，小伙子们！

汤姆林、洛伊斯和里德"对健康志愿者正常放屁的调查研究"发现，"男性和女性排出了等量的屁"。坦白讲，这可能是一个需要更多研究的领域。伙计们，这是你们赢得臭味诺贝尔奖的机会！

女性放的屁比男性的更易燃，因为她们体内产生甲烷的细菌占比高于男性，因此产生的甲烷更多。大约60%的女性身体制造的甲烷量较大，而这只有40%的男性能做到。因为产甲烷的细菌用大量的氢来制造甲烷，这可能也是为什么女性产生的气体总量少于男性的原因。据报道，激素替代疗法（HRT）会因为孕激素而产生更多的气体，因为孕激素会减慢食物通过肠道的速度，使更多的食物转化为屁。

能不能把屁抓进罐子里？

说真的，收集屁能有什么意义呢？想想吧，如果我们有一个全国性的储屁银行会有多好？为了能在核攻击中生存，人们建造了一个庞大的高科技地下墓穴，里面堆满了低温保存完好的有史以来的屁。这有点像千禧种子银行，但不那么……乌烟瘴气的。如果把那些伟大、善良的人（也可能是小人物和坏人）的直肠气体保存，传给子孙后代，我们的世界会变得多么丰富多彩？想象一下，如果孩子们能闻到亨利八世（Henry VIII）、沃尔西红衣主教（Cardinal Wolsey）或阿拉贡的凯瑟琳（Catherine of Aragon）的屁，而不是思考修道院的灭亡那会是什么样子？我敢打赌，尤利乌斯·恺撒的屁是猫屎味的，克利奥帕特拉的屁闻起来有点像春天潮湿的人行道。达芬奇的屁一定像发出难闻气味的牛至。你想闻谁的屁？波卡洪塔斯的？乾隆的？还是耶稣的？

在气味的长期储存中有一个有趣的问题，但是先让我们来看看你要如何建立自己的储屁库。多亏阿基米德的排水原理让这变得简单极了。你要做的就是控制住一个随时会放出的屁，有可用的浴缸和一个密封良好的有盖的果酱罐。首先，开开心心地给浴缸里放好水，不要放泡泡剂，然后脱掉衣服，带着果酱罐一起跳进浴缸。仰面躺下，然后揭开果酱罐的盖子，把它浸入水中，直到装满水。在水下把果酱罐放倒，里面仍是装满水的，让它紧贴在你的肛门上。

　　当你就位的时候，尽你所能喷射出尽可能多的气体（注意，我们可不是在家做直播秀，这仅供家庭内部观看，别给自己加戏），水中产生的气泡会跑到罐子里。气泡取代水的重量等于它上升浮力的大小。总结说来就是空气向上推动，迫使水下降，并被困在罐子里。现在，将罐子的盖子紧紧地扣上，将它摆正。水会向下流落到罐底，而屁会浮到顶层。收集屁轻而易举！在 18 世纪，这被称为"通过向下排水收集气体"。如果你想进一步分析屁，只要把它浸入到更大体量的水中，在打开罐子之前把它倒过来，然后用注射器把气体抽出来。

屁的气味能持续多久？

现在，我们已经掌握了收集屁的操作方法，但是我们的全民储屁银行却笼罩着一层阴云——屁的寿命问题无解。这些屁能生存多久？我曾和安德里亚·塞拉教授对着超大一盘素食塔里（一种印度套餐，盛装在圆形金属浅盘中）详细地讨论过这个问题。塞拉教授是伦敦大学学院化学系非议颇多的化学家，只因他那些语出惊人的授课内容以及他对健康与安全完全粗放的态度。我非常喜欢他，如果你见到他本人，也会和我一样喜欢他。

在你用罐子成功诱捕你的屁之后，马上要面对几个突发的问题，它们会干扰你对闻到的气味进行判断。要知道这些气味是由挥发性分子组成的，具有非常特殊的气味特征，可能具有高度的活性。如果它们与周围的其他分子发生反应，这种反应可能会产生完全不同的带有不同气味的分子，或者根本就没有气味——例如，硫化氢最终会与你放的屁中或空气中的其他成分发生反应，形成第三种产物。

对屁的气味构成干扰破坏的有:

1. 与屁中的水汽(或果酱瓶和洗澡水中的水蒸气)发生反应,导致产生气味的混合物在水中溶解,被稀释。

2. 氧化作用(增加的氧气,或在反应中失去电子),尤指由于暴露在紫外线下而引起的氧化作用,紫外线与有机分子相互作用,可使屁那些短暂易逝的本质发生氧化。

3. 与屁中的其他气体发生反应。

4. 与容器材料反应。玻璃是惰性的,所以不是什么大问题,但是金属盖子和塑料密封物可能会有问题。

我们应该用"把握当下"的精神抓紧机会去闻屁。锦鲤一样难得的屁!我那个全民储屁银行的想法不是行不通的。倘若气体能充分冷却,可能 −196 摄氏度的液态氮,或者 −253 摄氏度液态氢都会使反应慢下来,屁味就得以

> 一个礼拜日,教堂中,老妇人对她的丈夫说:"我刚刚放了一个长长的、无声的屁。这可怎么好啊?"丈夫转身对她说:"快把助听器的电池换掉吧。"

保存。就是这样!国民屁实验室(人体)可是个活跃的地方,还有顺便提一句,一定要猛冲进去,因为印度塔里正在里面乱踢(吃进去的食物消化后人体内产生气体)……

动物会不会放屁?

达尼·拉巴奥蒂和尼克·卡鲁索都是了不起的生态学家。他们共同解决了我们这个时代的一个重大问题:"它放屁吗?"——他们利用Twitter

的力量号召世界各地的动物研究人员汇集各自掌握的知识,并出版成书,就是那本非常优秀的《它放屁吗?》(2017年由Quercus Books出版)。他们很爽快地同意让我在此分享其中的研究成果。作为回报,我保证你们都会想买一本他们的书。想知道里面的内容吗?

第 1 章 屁的化学知识

动物	它放屁吗？	说明
鲱鱼（又称青鱼）	是	它们大口吞入空气，然后放屁排出，借此进行信息交流
山羊	是	2015 年，一架载着 2000 头山羊的飞机因这群羊排出的大量气体而被迫降落
母牛	是	它们放屁，但打嗝时会产生更多气体。所有农业温室气体甲烷每日排放量 600 升中，约 250 升是由牛贡献的。这真是"巨额"贡献
袋鼠	是	比母牛排气量小，但是和马的排气量相当
僧帽水母	否	它们没有肛门。它们用消化酶进食液化的食物

蜘蛛	没人知道答案	大多数蜘蛛的消化过程是在体外由毒液和酶完成的
大象	是	它们有庞大的消化道来分解坚硬的食物，比如树皮
鸟类	否	鸟类体内没有肠道细菌完成此项工作，并且它们的消化过程非常快
白蚁类	是	白蚁虽小，但在地球上却是数量庞大的群体，它们产生的甲烷排放量占总排放量的 5%～19%
金鱼	否	虽然它们的肠道中确实有能制造气体的细菌，但打嗝对它们来说更容易
潮虫	有一点	潮虫会将含氮废物转化成氨，然后爆发性地排出，通常持续几分钟，但有时会持续一个多小时

如何制作臭气弹?

过去,每个孩子的化学装置中都曾有过制作臭气弹的材料,但时至今日我们越发胆小,孩子们反而更少机会亲手接触一些相对危险的东西,反正我们总是有各种充分的理由去干预孩子们的成长。

制造臭气炸弹的方法从非常简单的到非常危险的,有很多个。这里要说的方法危险程度属中等,因为要用到有毒、具有腐蚀性的火柴和氨。如果你不满16岁,就必须在成年人的帮助下完成,如果你是成年人,你必须密切看管好未满16岁的人。臭弹的酝酿过程需要你找个合适的地方存放,关键是不要让孩子、宠物或任何不知情的成年人发现它。

警告:

1. 氨具有毒性和腐蚀性。
2. 硫化铵在高浓度下是易燃和有毒的。
3. 瓶子上贴的标签一定要写得非常清楚,这样就不会有人误喝或者用错了。
4. 产生的废料垃圾千万不要饮用、乱扔或洒得到处都是。这是很令人反感的行为。

你要把火柴头里的硫和氨（一种洗涤用品）混合在一起，它们反应生成硫化铵，闻起来很像臭鸡蛋。化学反应式是：

$$H_2S + 2NH_3 \longrightarrow (NH_4)_2S$$

- 几盒火柴
- 家庭清洁用的氨
- 500 毫升规格的空塑料瓶
- 钢丝钳或老虎钳或强力剪刀

操作方法：

1. 用钢丝钳或剪刀把火柴头都剪下来，然后放进空瓶子里。
2. 加入 30 毫升氨。
3. 将瓶子中的空气挤压出去一点，然后把瓶口拧紧（这样气体就不会对瓶子产生过大的压力）。
4. 密封瓶子，轻轻摇匀。
5. 在一个安全的地方静放 3~5 天，使混合物产生化学反应。
6. 打开瓶盖，你那些朋友会被散发出来的材料臭味熏得跑出家门，但记得不要弄到衣服或地毯上。

第 2 章
屁的生物学知识

从食物到屁的旅程

一切始于那个由炽热的乱成一团的等离子体组成的巨大球体,我们称之为太阳。这是一颗重量为地球质量33万倍的黄色矮星,主要由氢(73%)和氦(25%)组成,按照我们的时间计算它已经46亿岁了。太阳通过氢核与氦核的核聚变产生能量,而聚变的副产品之一就是光。光子以电磁波的形式从太阳辐射出来,只有很小一部分到达地球——但这是维持我们生态系统的最佳数量。

核聚变

当光量子到达地球时,有些会落在含有叶绿素的植物上,开启神奇*光合作用的按钮。光合作用为生物生存提供了几乎所有必需的能量。光合作用真的很神奇:它利用光能、水和二氧化碳来产生化学能,这些化学能以碳水化合物分子的形式储存在植物中,其中一些我们可以作为食物食用。光合作用同时会释放出一种废物,就是氧气——你我现在呼吸的这个氧气。

通常,我们看不到光合作用的过程,你只需要相信我的话就好——它正在你身边发生。如果你想看到过程,这里有一个精彩的演示样本可以让你一饱眼福。到宠物鱼商店买些水草——我找到的最好的一种是加拿大水草(加拿大伊乐藻)。用锋利的剪刀将水藻的顶部剪掉1

---

* 实际上它与神奇之说是对立的——这是需要牢牢掌握的坚实的科学,而我其实只是被它惊艳,而激动地称之为神奇。

厘米，放到适量的水里。要用重物将水藻压住，使它没入水中（那种大铁架子就很好用）。现在让阳光照到它。很快你就能看到一些小气泡从顶部冒出来。这就是光合作用产生的氧气。好啦，好啦，我知道啦！我已经做好一个视频，所以请一定到YouTube上的GastronautTV频道观看。

深入了解光合作用

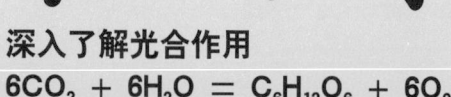

$$6CO_2 + 6H_2O = C_6H_{12}O_6 + 6O_2$$

来，我们继续花点时间深入了解光合作用。用文字描述光合反应很简单：植物捕捉到光，再用光将6个二氧化碳分子（CO_2）和6个水分子（H_2O）整合成一个葡萄糖分子（$C_6H_{12}O_6$）。但实际上光合作用包含很多步骤。首先，一种有色的光捕捉分子——叶绿素——吸收光，然后爆发释放出电子，其能量之大可以分解水——有点像电解作用。这引发了一连串的化学反应，电子被从一个分子传递到另一个分子，能量一股一股地释放，被储存在名叫三磷酸腺苷（ATP）的分子中。所有生物都用ATP推动新陈代谢。随后，这些ATP会被用到下一级联反应，将CO_2转化为葡萄糖，即生命之糖的化学反应中。

关于地球上不分时段通过光合作用所捕获的总能量率有一个有趣的统计数据：130太瓦。这么说你很难明白这个数字意味着什么，这么说吧，130太瓦只是撞击地球的太阳能的0.1%（也是人类总能源消耗的3倍）。

对食物的辨别

从严格意义上讲,所有适应并能顺利穿过你的消化道的物质都是可以食用的,不管它是面包、木头、草、口香糖还是大块的铁撬棍,这样的答案可能在你的意料之外。如果你不能从吃下去的物质中得到任何营养,就像吃撬棍和口香糖这样,我们就称这样的物质为不溶性纤维(有助于推动一切物质穿过肠道)。你的小肠消化不了,但可以在肠道中分解的物质(木头和草就是这样)被称为可溶性纤维。其他的一切都被认为是一种营养物质,你可以通过某种方式消化它们,并从中汲养、受益。

消化系统是如何工作的?

你已经识别出一些不错的可食用的食物,甚至可能是你自己做的。现在是时候消化了。成年人消化食物的平均时间居然要 50 个小时(儿童需要 33 个小时),仅大肠自己就需要消耗 40 个小时。现在好玩的事情开始了……

消化阶段 1：咀嚼——机械分解

当你咬下并咀嚼食物时，你的臼齿会对食物施加 120 千克的巨大力量。你可能会认为咀嚼、粉碎是消化过程中最重要的部分，你能这么想情有可原，但是你错了。你真正在做的其实是增加食物的表面积，这样下一阶段的消化才会发生。也就是说，吃，最生动、最令人愉快的部分是从口腔中的感官体验，而不是从摄取营养的行为中获得的。当我们咀嚼食物时，味道分子与我们的化学感受器相互作用时产生的气味和味觉体验让我们乐在其中，而当食物激活我们的机械感受器时，我们体会到食物质地带给我们的感觉。我们还会通过自己身体里的温度感受器感受食物的热度，甚至在我们的听觉感受器与食物的声音（尤其是嚼碎食物时发出的嘎吱嘎吱声）互动时会带给我们听觉上的体验（声音感知实际上是对触觉的超敏感反应）。但是，除了鼓励我们以极大的动力享受食物外，食物的这些特性都没有营养价值。有趣的是，吃饭的过程会促使你的神经系统向你的大肠发送信息，怂恿你去上厕所，这很奇怪，因为你吃的食物离你的结肠还有数小时的距离，但至少它知道更多食物正在赶来。

消化阶段 2：唾液——酶催化分解

每天，你要生产大约 2 升的唾液，其中含有 94%～99.5% 的淀粉酶，由这种酶开始将你吃的食物拆解成其原始组成成分（唾液中还含有少量的钙、氟、镁、钠、尿酸、蛋白质、过氧化物酶和细菌）。

试着照做，很简单：

混合一些即食蛋奶冻，分成两杯装好。往一个杯子里吐 4～5 次口水（我通常会让几个人往里面吐，他们会觉得很恶心），用茶匙搅拌一下，然后以同样的角度把两个杯子里的蛋奶冻倒到砧板上。混合了唾液的蛋奶冻会很松软，而另一块蛋奶冻仍会保持原先的黏稠状态。唾液已经将蛋奶冻中的复合糖分解了，使其变得非常松软。酶的催化分解反应是非常迅速的。

消化阶段 3：通过食道吞咽食物

准备和吞咽食物的复杂过程大约需要 50 对肌肉参与完成。当食物被推到口腔后部时，吞咽反应就会被触发，向你的喉咙推进，同时也会触发关闭喉头的反应，让你暂停呼吸，这样食物就不会进入气管。随后，被称为蠕动的一系列肌肉收缩将食物向下推往食道的底部，直到食物碰到食管的括约肌（看上去像猫屁股，就是有点像……）。它是让食物进入胃的活门，但又不会让胃液流出——除非你呕吐。当然，它也会打开，这样你才能打嗝。

消化阶段 4：胃——胃酸和酶

这个肌肉发达的器官位于你身体的左侧，是一个75毫米的小容量袋，空的时候只有拳头大小，但一般会膨胀 1 ~ 2 升，甚至可以根据需要膨胀得更大。食物一进入胃，胃的内层黏膜就会分泌胃液，其中包括一种叫作蛋白酶的消化酶，可以分解蛋白质。胃还能产生胃酸，其中包含一定量的盐酸。盐酸能杀死细菌，使蛋白质变性，并对食物进行有效的再加工。我们呕吐时嘴里那种辛辣的味道就是这些胃液的强烈味道。胃将这些酶和酸与食物混合在一起搅动。食物在胃里停留的时间从 15 分钟到 4 小时不等。你吃的脂肪越多，食物停留在胃里的时间就越长，这样你就有更多的时间来制造消化脂肪的胆汁。除了某些药物、氨基酸、酒精和咖啡因外，胃本身并不会吸收很多营养物质（这些营养物质大部分会留给下一阶段的消化过程）。

奇怪的是，你的胃里也有一些味觉感受器，当它们与谷氨酸盐、糖、碳水化合物、蛋白质和脂肪相互作用时，就会向你的大脑传达愉悦的感觉。胃利用蠕动的方式慢慢地将食物和胃液的混合物（此时它被胃肠病学家称为食糜）通过幽门——另一个类似括约肌的通路——推进下一阶段的旅程，进入小肠的第一部分，即十二指肠。

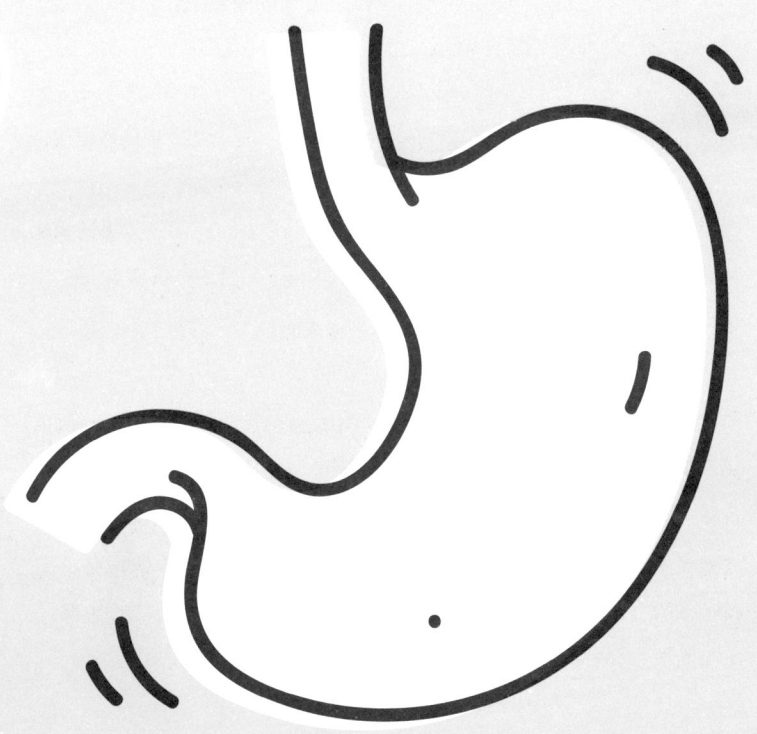

消化阶段 5：小肠

小肠很长很细。这是我们食物中大部分营养物质被吸收的地方，而且需要向食物中添加很多物质才能实现营养物质的吸收。胆汁由肝脏产生，通过胆囊添加到食物里以分解脂肪。含有大量酶的胰液通过胰管也被添加到食物中去。有趣的是，小肠是高碱性的，因为它含有大量的碳酸氢盐离子，中和了胃液中的酸，为酶正常工作创造酸度适当的环境，但也产生了嘶嘶的气泡：酸碱反应产生的碳酸气。

食物从进入小肠到离开通常要花 6～8 个小时，它们是被像蠕虫那样波浪式蠕动收缩挤出小肠的。小肠的平均长度为 3～5 米，但可以短至 2.75 米，长至 10.4 米。它的表面看起来像天鹅绒，在显微镜下看就像一根根小手指组成的。这些小手指被称为绒毛和微绒毛，提供了约 30 平方米的巨大表面积使营养物质被透壁吸收。

食物中的分子被分解成更小、更合用的零部件，比如维生素和矿物质、糖（来自碳水化合物）、氨基酸和多肽（来自蛋白质）、脂肪酸和甘油（来自脂肪）。它们穿过肠壁进入毗连的血管。所有分解剩下的东西都要经过另一个叫回盲瓣的活门。回盲瓣能阻止结肠中的粪便返回小肠。

消化阶段6：大肠

　　大肠也被称为结肠（英语为 large intestine、colon，bowel 或 large bowel。它有这么多英文名字其实只是为了迷惑你们）。它有1.5米长——远不及小肠长——但它比小肠宽得多，也因此得名"大肠"。整个消化过程会在这里减缓，要给细菌留时间发挥它们的魔力。任何在小肠内没有被血液吸收的东西都在这里有了归宿，做好被分解、利用或排出的准备。

　　大肠的形状是一个不完整的方形，从位于你身体右侧的升结肠开始向上行走，接着成90度转向，以横结肠的身份，在你的肚脐上方继续从右向左前进，之后再90度转向，变身降结肠停留在你身体的左侧。再向下走到储备腔，就是你的直肠之前，大肠会有一个短暂的、朝向中间的转弯，随后最终与肛门连接。

大肠是所有胀气魔法发生的地方,其他几个消化过程,例如密化和脱水也是在这里进行的。我们的肠道中约有 100 万亿个微生物,重约 200 克,由 700 多种细菌和真菌、原生动物等微生物组成。它们在我们的结肠中生活和繁殖,与食糜和黏液混合,使食糜变成粪便。我们在这里吸收的营养并不多,但我们会得到水,还有由细菌、硫胺素和核黄素产生的维生素。细菌还能分解纤维为自己制造动能(刺激因素)并产生短链脂肪酸。但这里发生的最大新闻事件是:我们体内可溶性纤维(主要是难消化的碳水化合物)的细菌分解导致了屁的产生。

消化阶段 7：直肠

大肠的最后一段大约有 12 厘米长，是气体和粪便的储存室。当它从大肠中接收粪便时会膨胀，导致牵张感受器感觉到压力，产生刺激信号，让你去上厕所。当直肠被充满时，压力将迫使肛门壁分离，粪便将进入肛管，使直肠缩短，身体最后一组蠕动波会将粪便排出体外。

消化阶段 8：肛门

差不多到了。肛管长约 2.5～4 厘米，尖头朝下，稍微靠后，通向肛门。肛门由两块环状肌控制，分别被称为内括约肌（你对它没有控制权）和外括约肌（你可以控制）。

消化阶段 9：现在洗手吧！

地球上最催屁的食物

这些能帮助你增加屁产量的顶级秘诀是在胃肠病学专家和科学研究提供的建议下编写的,同时我也得到了数百位可爱的人热情的帮助,他们对我的问卷调查和请求做出了回应。

北美菊芋*

因为富含一种叫菊粉的碳水化合物(含量高达75%),而且在肠道中具有特殊的活动特征,所以洋姜可能是世界上最强大的产屁燃料。洋姜对屁的促进作用太强了,我会单独用一个小节介绍它(见第54页)。

---

* 又称洋姜或鬼子姜。

豆类和其他富含棉子糖的食物

圣杰罗姆（公元347—420年）建议修女们不要吃豆子，因为"它们会使外生殖器发痒"。谁也不知道圣杰罗姆是如何知晓如此私密又私人化的信息，但我猜他可能是对肠胃胀气导致放屁有误解。大豆、花豆、芸豆、花椰菜和芦笋等富含纤维，尤其是聪明机灵的寡糖、水苏糖和维甲酸糖。我们的小肠中没有分解它们所需的酶（一种叫作 a−GAL 的酶），所以它们几乎完好无损地进入结肠。值得庆幸的是，我们结肠中的细菌拥有这种酶，而且它们对发酵特别热情，会制造出大量的气体。一部分是因为它们喜爱纤维，还因为（有了菊粉的存在）它们同时被激发了努力工作的动力，有效地增强了发酵和制造气体的进程（低聚糖起到了促进生成的作用）。

洋葱、大蒜和韭葱

它们都含有果聚糖。果聚糖是果糖的聚合物，而果糖是又一种复杂的碳水化合物，需要肠道细菌而不是小肠中的酶来分解。不同的洋葱种类产生屁气的量也是不同的。

十字花科蔬菜

也被称为芸苔属植物，包括卷心菜、花椰菜、西兰花和球芽甘蓝。它们有大量可溶性纤维可供细菌尽情享用（也富含维生素 C）。它们还含有大量葡糖异硫氰酸盐——来自于含有硫磺和氮的葡萄糖与氨基酸的有机化合物——使芸苔属植物味道微苦，也可以分解成散发臭味的含硫化合物。

全谷类

包括全麦面包、麸皮、燕麦等。它们包裹着满满的、可直接进入结肠的可溶纤维。你差不多能想象到肠道细菌因为它们的到来而高兴地摩拳擦掌的画面吧。这些食物会创造气体体积，但不太可能对屁臭味做什么大贡献。

水果

水果出现在这里可能在你的意料之外，但许多水果（尤其是干果），包括梨、杏、李子（西梅）和桃子，都含有天然糖醇，它们在肠道中会让细菌非常欢快地投入到发酵工作中去。

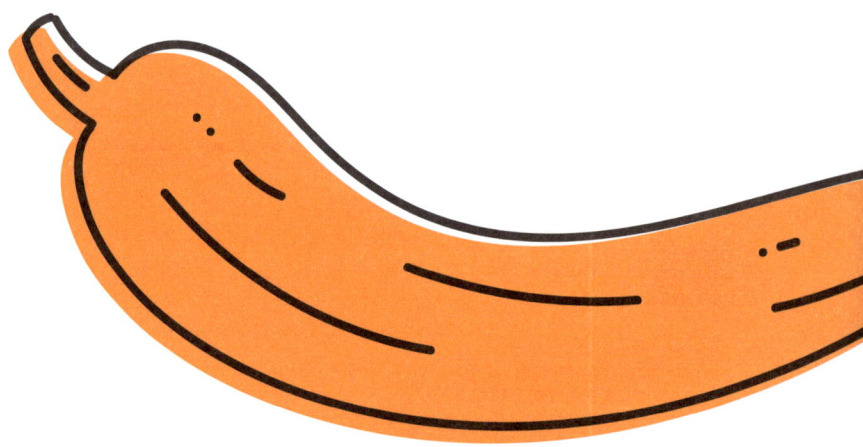

未成熟的香蕉

未成熟的香蕉中的淀粉（复合糖）含量比成熟的香蕉多，而单糖又比成熟的香蕉少。这些抗解淀粉能直接进入结肠消化。尽管我无法理解为什么有人想吃一根未成熟的香蕉，但未成熟的香蕉不会对我们造成伤害。

橙类

富含果胶和另一种淀粉（复合糖）。与未成熟的香蕉中的淀粉一样，进入人体后一路向下直接到结肠中发酵分解。

肉类和乳制品

高蛋白食物不一定会增加放屁的量（一般它的产屁量较少），但会大大增强屁臭味。蛋白质是以氨基酸为基础的，其中两种氨基酸可以分解成硫基的恶臭化合物**。有研究表明，半胱氨酸氨基酸可以使肠道中硫化氢的排放量增加700%。

高脂肪食物

脂肪令人迷醉。它会在小肠中被分解成低pH值的脂肪酸，所以我们要释放高pH值的碱性碳酸氢盐来中和它，使它回到接近7的中性pH值（咱们人类聪明吧？！）碳酸氢盐和脂肪酸之间的酸碱反应会释放出碳酸气，它会让我们有一种不舒服的腹胀感（试着在2茶匙柠檬汁中加入1茶匙小苏打，你就会明白了）。有些二氧化碳被血液吸收，但有些会有目的地进入结肠。

** 含硫的两种氨基酸是蛋氨酸 $NH_2CH(CH_2CH_2SCH_2)CO_2H$ 和半胱氨酸 $NH_2CH(CH_2SH)CO_2H$。后者会被氧化，形成 $CH_2-S-S-CH_2$ "二硫键"，使蛋白质保持正确的形状。

土豆和谷物

它们含有能制造屁的果聚糖,而果聚糖是在结肠中被分解的。不仅如此,它们还有一个有趣的特征,就像扭曲的人格:它们在制造屁的同时又能减少臭味——有研究表明,食用土豆和谷物会使硫化氢的产量减少 75%。

冷冻意大利面和土豆

这个组合很奇怪。煮熟的淀粉类食物在冷却(尤其是在冰箱里)时,会大量产生一种被称为抗性淀粉 3 的碳水化合物,而这是另一种肠道细菌喜爱的复合碳水化合物。

乳糖

这种糖能让牛奶有些许甜味,还能增加放屁的量,如果你是个乳糖不耐受的人,那增加屁量效果更甚。乳糖不耐受的人体内缺乏在小肠中分解乳糖所需的酶,所以乳糖会在结肠中被细菌分解。以未经消化的乳糖为食的肠道细菌会产生氢气——这是乳糖不耐症的诊断标志之一。

香菇

香菇含有一种叫做甘露醇的多元醇(糖醇),可以被肠道细菌消化,可以被用作温和的泻药。甘露醇被用作糖尿病患者的食品甜味剂,因为它在小肠中极少被吸收,而这会使它在肠道中被分解。

健身蛋白粉

健美运动员因放屁臭而恶名在外,有人认为这是由于他们消耗大量的硫蛋白,导致肠道细菌的硫化氢排放量增加。

山梨糖醇增甜的无糖口香糖

糖的替代品之一，山梨糖醇一般是用玉米糖浆制成的，比普通蔗糖（调味糖）热量低。它常被用于口香糖的生产，可以让你嚼口香糖时尝到甜味。人体无法消化山梨糖醇，并且会因它感到肠胃不适。山梨糖醇也可以把水引入大肠，刺激排便，因此可作为泻药使用。有人认为是山梨糖醇的大分子量导致它无法在你的小肠被分解，所以它最终会在你的结肠增强肠道细菌的发酵能力，导致气体的产生。

你可能会振臂问苍天："那吃什么不会放屁？"

大米
大米面包
无谷蛋白的面包
肉和鱼（它们确实会导致屁臭味产生，但对屁的排量无贡献）

西红柿
生菜和绿皮南瓜
葡萄
鳄梨
橘子（无中果皮）
西瓜

洋蓟（artichokes）到底是什么？

早期将其引入英国种植的约翰·古德意曾发誓说："它们会在身体搅起一股散发着令人作呕的恶臭的风，从而导致腹部疼痛，令人痛苦不堪。"

为什么是耶路撒冷洋蓟（Jerusalem artichokes）？

耶路撒冷洋蓟，即洋姜，能直接造成大量的肠胃胀气（这取决于你特有的生物群系状况，但我吃了它们后，就像造了一个蒸汽火车的泵）。毫无疑问，这些地球上最能产屁的球状块茎并非源自耶路撒冷（Jerusalem），也与洋蓟（artichokes）没有关系（尽管味道相似）。它们是一种原产于北美的向日葵，在那里被称为"sunchokes"（尽管我最喜欢的名字是法语的topinambour，来自据称食人的亚马逊图平那巴部落）。它们很容易被误认为是生姜或姜黄，如果你在花园中误种了洋姜，它们会像野兽那样让你难以摆脱。它们野蛮而又贪婪地生长和繁殖，在意识到供给与消费完全不可能匹配之后（我的妻子已经拒绝再吃它们了），我花了四年的时间疯狂地挖掘，才把它们从我的小园子里清除出去。

它们为什么让你放屁？

菊粉是难逃其责的。它属于大分子物质,是相对复杂的碳水化合物(多糖*,尤其是单糖单元组成的长链菊粉),你的舌头可以明显感知到它的甜味(嚼一片生洋姜,你会体味到些微苹果一样的甜味)。但是我们的小肠内缺乏适当的可以将其分解的酶。我们肠道中的酶真的很难将菊粉分解,所以洋姜被列为"难消化的食物"。因此,菊粉得以完整地一路旅行至结肠,在那里居住的细菌会将它们吃掉,产生大量的气体副产品,包括二氧化碳、氢气和甲烷。菊粉也会被转变成一种益生营养物,为你结肠中的其他细菌提供支持,帮助它们繁殖生长,活力满满地充分发挥作用,由此全面助推你体内的气体生成。被一种细菌吃掉反而反哺其他细菌,这是多么有趣的反转故事,真是绝妙!洋蓟中的菊粉是代替淀粉储存能量的,而淀粉在土豆等块茎植物中更为常见。顺便说一句,小麦、香蕉、洋葱、芦笋和菊苣(菊苣是菊粉的主要工业来源)中也含有菊粉,但含量较低。如今它突然成为食品工业的宠儿,作为一种可以帮助钙吸收的低蔗糖含量的食品添加剂越来越多地出现在食品成分表中,但如果你有肠易激综合征(IBS),可能就要避开它了。

* 糖类(Saccharides)是指各种类型的糖分子,多糖(polysaccharide)中的"多"(poly)意味着"许多个",这也是它由单糖单元组成的原因。

洋蓟的历史

因为易于生长,产量高,并且块茎可以无限期地留在土地里,洋蓟在 17 世纪中期的某一刻凭实力晋升为新的适应性强的根茎作物,但结果它却被哥伦布大交换的另一种新奇产品——马铃薯所取代。人们种植洋蓟通常是为了给动物准备饲料,而法国人曾与它有过一段时分时合的关系,让它的人类食物和动物食物的双重身份交替更换很多年。现代食谱书的作者建议你在某道菜中增加洋蓟时总是没能提醒你注意这些副作用,但是约翰·古德意显然已经注意到了,1621 年杰勒德的《植物志》中曾作了引证:

> "无论怎样加工,以哪种形式食用,它们(洋蓟)都会在身体内搅动,引起一股散发着令人作呕的恶臭的气流,从而导致腹部疼痛,令人痛苦不堪,它更适合给猪吃而不是人。"

能阻止它们制造屁吗？

不能。而且，我们有充分的理由要吃洋蓟——烤洋蓟很好吃，拌在沙拉中的生洋蓟口味极好，用它们做汤味道可口，因为丰富的菊粉甜美极了，而且闻起来还有淡淡的花香味。大多数肠胃气胀的"疗法"都是一派胡言（有的甚至建议用菊糖治疗肠胃气胀，结果适得其反）。所以，如果食用洋蓟令你肚痛，恐怕你就不能再吃了。当然了，如果你期盼体验一次放屁大冒险，那这些能量满满的小洋蓟就是你的好旅伴。周日午餐时给洋蓟去皮，和土豆一块烤着吃，然后就坐下来等待乐趣开始吧。

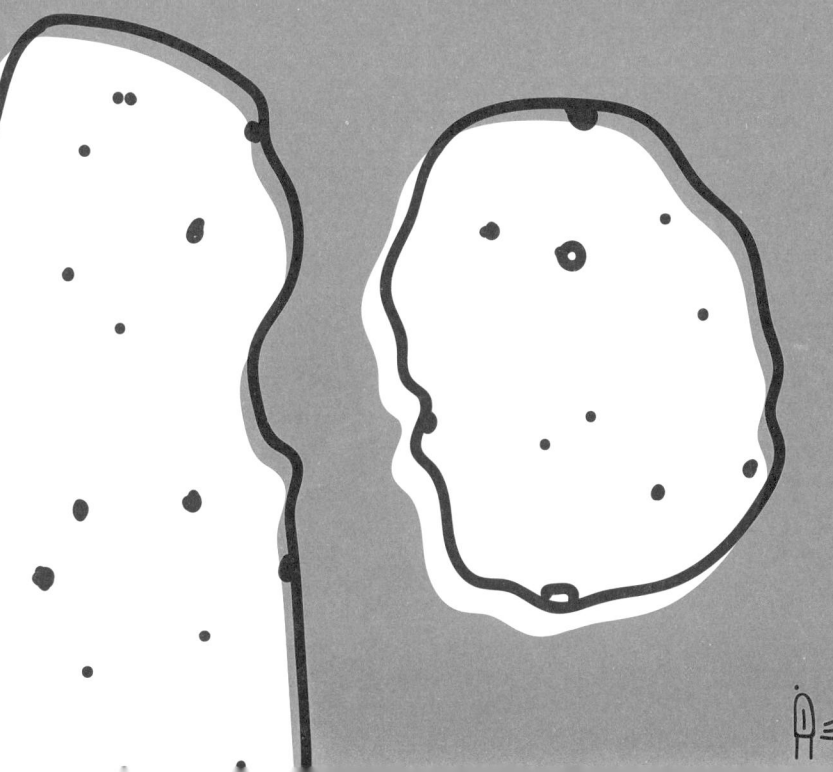

世界上产屁最多的食谱

如果你有一些特别爱冒险的客人要招待,何不邀请他们来赴一场放屁助兴的晚宴?

火箭燃料烤洋姜

这道菜将臭名昭著的洋姜和烤葱结合在一起,尽可能多地创造出"助气剂"菊粉(来自洋姜)和硫黄似的恶臭味(来自烤葱)。这道菜的造屁能力实在太强大,如今它已被永久禁止出现在我家的餐桌上。如果你有兴趣一试,这道菜还是你测量自己体内代谢运输时间的有效工具。只要在吃饭的时候做个记录,当你的放屁数量开始增加的时候再做一次记录即可。

2 人用餐时可以作为简餐,4 人用餐时可以作为配菜。

750 克洋姜汁和柠檬皮

4 个小红皮洋葱

1 整头大蒜

1 汤匙新鲜的百里香叶

1 汤匙迷迭香叶

2 汤匙特级初榨橄榄油

少量盐和胡椒

2 汤匙松子

6 片五花熏肉培根薄片，切碎

1 小把欧芹

1. 烤箱预热到 180 摄氏度或者调至 Gas Mark 4 挡。如果你用的洋姜干爽整洁（洋姜也有很多不同品种），就用指甲刷擦洗，切成大块，加柠檬汁拌匀防止其氧化变色。要么直接去皮，切大块后直接扔进柠檬汁里。

2. 洋葱去皮，每个平均切成 4 块。

3. 把蒜头切成两半。

4. 把所有的蔬菜和柠檬皮、香草、橄榄油和调味料（但不包括欧芹）一起放入烤盘中。

5. 烤 40 分钟。同时，在一个小煎锅里分别烤松子和熏肉，备用。

6. 烤 40 分钟后检查洋姜。如果它们呈现出漂亮的棕色，又变得酥脆，就是烤成了。如果没有，再烤 10 分钟，之后再检查一次。尝尝味道，酌情添加调味料。

7. 在洋姜上撒上欧芹、培根和松子，即可食用。

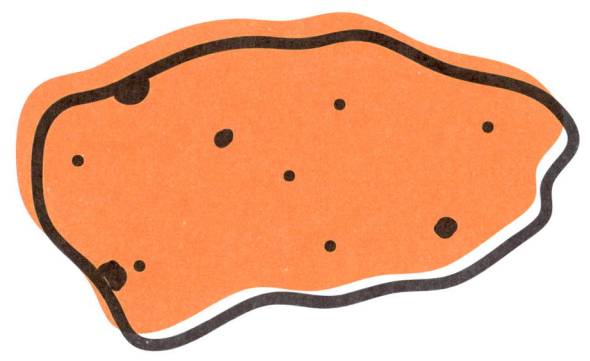

甜菜卫生间

能用一种名叫β-花青苷的红色染料将你的大便染成红色,是甜菜根能为你成就的一桩美事。依每个人的胃酸程度不同,大多数β-花青苷都能在整个消化过程中保持完整。甜菜根富含可以大量产屁的膳食纤维,而在食谱中添加的葱是为了产生含硫的臭味。

500克新鲜甜菜根,洗刷干净切成大楔形块

6到8个大蒜瓣,去皮不切

6汤匙橄榄油

1汤匙新鲜百里香叶

2个大的红皮洋葱,去皮,切成薄圆片

盐和胡椒

2汤匙红酒醋

1.5汤匙黄糖

4汤匙法式鲜奶油

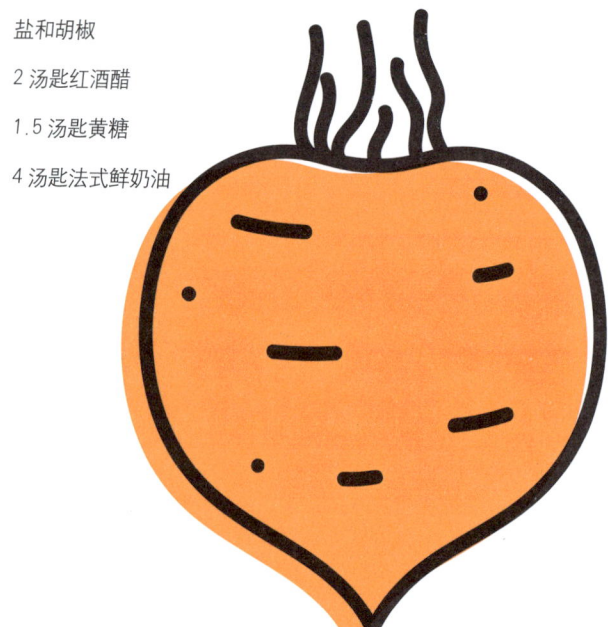

1. 烤箱预热至180摄氏度或者调至Gas Mark 4挡。将甜菜根、蒜瓣、3汤匙橄榄油和百里香叶放入烤盘搅拌均匀。将烤盘放入烤箱烤45分钟直到边缘酥脆。

2. 烤甜菜的时候,把剩下的橄榄油倒入一个大煎锅里小火加热。加入洋葱和少许盐,烹煮大约20分钟,不断搅拌。

3. 洋葱变软且颜色变成棕色后,加入红酒醋和黄糖搅拌,直到水分蒸发后变黏。备用。

4. 甜菜烤好后,和焦糖一样的洋葱一起搅拌均匀,浇上法式鲜奶油即可食用。

甜菜卫生间 轻松双倍臭,尿染沙拉

对没有戒备心,凡事先相信的朋友们来说这是一次伟大的尝试。芦笋含有一些特殊的化合物,它们可以分解成甲硫醇和二甲基硫醚,让你的尿散发出浓重的烂卷心菜一样的臭味,因此,将芦笋和洋姜惊人的气体生产能力与甜菜根的粪便染色能力结合起来,你就为自己争取到一个放松娱乐一下的生理借口。

300克甜菜根

1束芦笋,切成5厘米大小

300克洋姜去皮,切成1元硬币大小的薄片

一小把新鲜的罗勒叶

调味料：

柠檬汁

1汤匙第戎芥末酱或者全粒芥末酱

2汤匙正宗优质的特级初榨橄榄油

1汤匙蜂蜜

盐和胡椒

1. 甜菜根用小火炖煮40分钟，然后沥干待凉。当它们冷却到可以用手直接触摸的程度时，用平刀剥皮。只是剥落甜菜根的表皮，这很容易做到。然后把它们切成楔形，备用。

2. 同时，把一大锅水烧开，然后加入洋姜，再放芦笋。在水中不超过2分钟，然后沥干。把所有蔬菜放在一个碗里。

3. 将所有调味料混合，放在一个罐子里，密封，摇匀后再倒在蔬菜上，彻底拌匀。盛入碗中，再撒上罗勒叶即可。

极限放屁俱乐部

你看过梅尔·布鲁克斯导演的《神枪小子》(Blazing Saddles)吧？好了，不多说了。

500克优质香肠

煎炒用的橄榄油

6片五花熏咸肉（培根）薄片

2份400克罐头装熟扁豆或白凤豆，沥干

400 毫升纯番茄汁

盐和胡椒

用少许橄榄油煎香肠约 10～15 分钟，直到它呈现出漂亮的棕色，备用。锅内放入熏肉（培根），炸至酥脆，然后把煎好的香肠倒回锅中，加入豆子和纯番茄汁。不盖盖子炖 10～15 分钟，直到番茄汁开始有点变稠。调味、装盘享用。然后，放松。

鸭子屁鸡尾酒

阿拉斯加人发明的这种鸡尾酒不会产生屁，它只是极好的鸡尾酒，恰好还有一个好名字。

拿一个大烈酒杯或雪利酒酒杯，按照以下顺序以 1∶1∶0.5 的比例慢慢倒入：

甘露咖啡力娇酒、

百利爱尔兰奶油、

加拿大威士忌

好了，就这样！

一个小伙子初次登门拜访女友的父母。和女友一家人一起坐在餐桌旁的他很紧张,这完全可以理解。但现在要紧的是他需要释放某些气体。幸运的是,此时女友家的狗巴克跑过来向他示好,于是他悄悄地放了一个屁,并在空中挥了几下手,就像是在对那条友好的狗说:"走开,巴克,够了。"同样的情形又发生了几次后,父亲补充说道:"巴克,在他对你说脏话前,照他说的做!"

——《谁切了奶酪?》,作者吉姆·道森。Ten Speed 出版社1998年出版

屁有什么害处吗？

总的来说，没有害处。一方面，屁中的氢气是高度易爆的，如果将氢气和氧气混合起来，你就能体会到氢氧爆炸的威力，那是非常恐怖的，我的邻居们可以证明（相比之下，甲烷爆炸就温和多了）。然而，人类的屁中的氢氧浓度低，而且通常会受惰性氮控制，所以对你而言屁没那么大威胁。放屁是非常自然、正常的消化功能之一，你只需要为此感到骄傲就好，因为放屁能证明你吃下的纤维素达到了维持健康需要的量。

那在什么时候屁是害人精呢？

1. 当你是头牛的时候。除了放屁，反刍也会产生负面影响。以发酵为基础的反刍消化系统在你打嗝时会产生大量的二氧化碳和甲烷，它们可是强有力的温室气体。真是能惹麻烦的牛！

2. 当你因为体内"滞留的风"而感到疼痛的时候。胀气是每个人都会时常遭遇的。但是，如果你的疼痛是持续性的，又腹胀，那确实是非常严重的胀气，或者觉得你的屁发出恶心的臭味，那你最好去看医生，万一这是另一种健康问题的症状呢。抬起屁股走吧，别害羞。

3. 当你被自己屁的声音或气味搞得很尴尬时，你的生活质量就会受到影响（因为你不想出去见人，参与社交活动了），你的饮食也会受到影响（因为你不吃纤维食物）。

尽管这本书是对屁进行正面褒奖，但不能无视大家认为放屁令人尴尬，是无礼行为的普遍看法。如果刻意对事实视而不见反倒显得愚蠢。人们对屁做出的判断有些古怪，体现出他们过于拘礼的状态，如果我们大家都再成熟、包容一点，给屁一点释放的空间和应得的尊重就更好了。但似乎短期内这还只是期望。如果你下定决心要抑制住你体内的气流，请看第 108 页。

屁肯定对你没什么好处的，是吗？

如果剂量足够高，屁中的任意一种成分都能杀死你，但就像足够剂量的水、香水、胡萝卜汁或数量足够多的仓鼠也可能会杀死你一样。毒理学（研究毒药）的基本原理是：一切皆取决于剂量（你消耗了多少）。即使是水，如果你喝得又快又多也会致命。这一原理源自一个叫帕拉塞尔苏斯的小伙子（1493—1541 年），他说："万物皆毒药，毒药无处不在。只有剂量能使某物不能成为毒药。"

所以，如果除了屁之外你不吃其他任何东西并坚持足够长的时间，那屁里的任何一种成分一定会让你丧命，但你极难做到。

另一方面，英国埃克塞特大学的一个项目研究了硫化氢（一种让我们的屁散发出臭鸡蛋味的气体）的潜在好处。尽管高浓度的硫化氢有危险，但现已证实微量硫化氢可以保护细胞线粒体。细胞线粒体为细胞提供能量，并可能被疾病破坏。在现实生活中我们的肺是否能从屁中吸入硫化氢尚不清楚，但是这种至今仍被视为危险物的气体却可能被用来逆转细胞疾病，想想都觉得特别有趣。

聪明伶俐的我不会回避的另一个事实就是我们会细细品闻，甚至陶醉于自己的屁味中，但我们一般会对别人的屁厌恶不已。在屁的世界里，所属权就是一切，我们不喜欢从别人的肠道中喷出的不请自来的气流，一部分原因是我们本能地想躲开暗藏致病细菌的大便（它不是一无是处的废物）。真的好遗憾。

我们的内脏里有哪些细菌,是有益还是有害?

你的结肠里始终都有大约 200 克的细菌,它们是由超过 700 种不同种类的 100 万亿个细菌和其他大量微生物,例如古菌、真菌和原生动物组成,在你体内日夜不停地蠕动。你的整个身体里已知有 37 万亿个人类细胞,而你体内的异族小生物比你自身的细胞还要多,你会见识到结肠里的这个微小生物世界的影响力的。人类只是刚刚开始意识到这个微小生物世界对我们的健康和幸福的重要性,这也是为什么那些细菌都被视为一个共同的功能群体,并被冠以生物群落、肠道菌群和"被遗忘的器官"这样的名字。它们甚至可以抑制神经退行性疾病,比如帕金森氏症和阿尔茨海默氏症的恶化。

细菌可能会导致我们罹患可怕的疾病,但这并不意味着它们都是有害的——事实上它们可以发挥积极的作用。我们是我们体内细菌的宿主,我们的结肠给它们提供了一个舒适温馨的生活环境,它们在那里进食、繁殖,作为回报,它们会产生出人体必需的维生素和矿物质以及我们放屁时产生的所有气体,而且它们还会为我们分解食物。这一现象被称为共生关系。

细菌是好还是坏？

我很想给你一个明确的答案，但事实并没那么简单。不同的细菌在我们的肠道中共存，它们与我们的身体之间、它们彼此之间有着非常复杂的关系，这是我们还未完全了解的领域。有些细菌在我们的肠道内是完全安全的，但在肠道外可能是有害的（沙门氏菌、金黄色葡萄球菌和破伤风杆菌都能引起严重的疾病）；请你一定要记住，地球上的每一种物质在一定剂量下都是有毒的。有些微生物对我们来说是积极而有益的，有些似乎不是。有些细菌将膳食纤维发酵成乙酸和丁酸，合成维生素B和维生素K，代谢胆汁酸，产生类似激素的化合物，它们似乎对人体有利。虽然我们还没有完全弄懂细菌，但有人认为肠道生物群落在许多医学领域，从心理健康到炎症、自身免疫问题都发挥着重要作用。

虽然你肠道中的细菌物种有 300 到 1000 种，但 99% 的细菌只能被划分到 30 到 40 种不同细菌种类中，主要属于以下几类，按照出现概率降序排列如下：

粪杆菌

拟杆菌［在我们的肠道菌群中有几种不同的拟杆菌，大约 30% 的肠道细菌属于该属。它们在通常情况下是互惠共存的（有益），在食用大量蛋白质和动物脂肪的人群中发现的拟杆菌种类尤其多］

埃希氏菌属（如大肠杆菌）

真细菌（如粪肠球菌）

肠杆菌属

克雷伯氏菌

双歧杆菌属

葡萄球菌科

乳酸菌属

梭状芽孢杆菌属

变形杆菌属

假单胞菌属

沙门氏菌

普氏菌属（食用大量纤维、碳水化合物的人体内会有）

还有这些真菌属：

青霉菌属

念珠菌属

酵母属

红酵母属（常见于肠易激综合征 IBS 患者）

格孢腔菌（多包菌属）

曲霉属真菌

核盘菌属

粪便的那些趣事

大便（如果你的身体一切有条不紊地运转就会面临的排泄事件）

有人将排出大便这个生理行为戏称为"铺设电缆""烤巧克力蛋糕"或"拉屎"["taking a crap"被认为起源于19世纪末托马斯·克拉珀（Thomas Crapper）公司的厕所，但实际上人们使用这个名称的时间比这更早]。在英语的押韵俚语中，你可以用 'take an Eartha' (Kitt), a 'William' (Pitt) 或者 a Brad (Pitt)。

如果粪便（大便）是屁的母亲，那么尿液是它的兄弟，汗水是它的姐妹，鼻黏液是它的叔叔。疮痂、耳垢、唾液、呕吐物和肚脐硬皮都是屁只会在婚礼和葬礼上遇到的奇葩远房兄弟姐妹……它们证明生物学或人类学的隐喻只能在一定程度上发挥作用。

大便是一种代谢废物，这意味着它是消化过程中残留下来的物质，它还包含一些身体想要摆脱掉的其他物质。男性的肠道习性与女性的不同，男性平均每周大便9.2次，而女性只有6.7次；40%的男性每天铺设一次电缆，而33%的女性也是这样。7%的男性每天烤两到三次巧克力蛋糕（你们的这位谦逊的作者直到最近还认为他自己一天烤3次是很常见的），但只有4%的女性也是如此。1%的女性每周或者再长一些时间才大便一次。哎呦喂～最受欢迎的大便时间是清晨，男性的排便时间比女性的早。

大便里有什么？

大便中包含那些没有被小肠吸收的食物的混合物（因此反而被大肠中的细菌腐蚀掉了），还有额外的或者死去的细菌、新陈代谢过程中产生的废物，以及死去的肠道细胞。它们都被其周围的黏液覆盖，就像增加了一个润滑涂层，便于轻松通过肛门排出去。

- 30% 的不溶性膳食纤维（无法消化的食物，如山梨醇、纤维素、菊粉等）
- 30% 的细菌，无论是死的还是活的（这些细菌会不断地被替换）
- 10% ～ 20% 的无机物，如磷酸钙
- 10% ～ 20% 的脂肪，如胆固醇
- 2% ～ 3% 的蛋白质
- 肠道内层的死细胞
- 胆红素，一种由老化红细胞分解产生的黄色物质
- 死亡的白细胞（白血球）

每个人的大便都不一样，且每天因所吃的食物不同、消化系统运转状况以及健康状况而产生变化。虽然大便是人类消化功能中非常正常的一部分，但是我们对安全卫生环境的执念也是有理有据的。那些细菌和其他病原体本没有打算进入我们的口腔或者胃部，但它们会让我们的健康产生可怕的问题。所以，你还是洗洗手吧！

布里斯托尔大便形态量表

布里斯托尔大便量表（The Bristol Stool Scale，很明显 stool 一词在这里的意思是大便）是布里斯托尔除了悬索桥、停机坪和协和式超音速飞机之外，送给人类的又一个伟大礼物。这个量表是 1997 年在布

里斯托尔皇家医务所研发出来的,它和 BBC 官方列出的"最令人讨厌的攻击性词汇排行榜"一样,都是那种让你觉得是异想天开,没有必要记录下来,但是有人做了你又觉得很开心的文献记录。只有文字描述才能让你明白:例如,"像光滑柔软的香肠或蛇"。显然,这是正常的大便。如果你好奇我的答案,我会告诉你我个人最喜欢的是类型 3——"像香肠一样,但表面有龟裂"。

类型 1	分离的硬块,就像坚果(难以排出)
类型 2	香肠状,但呈现多个硬块状
类型 3	像香肠一样,但表面有龟裂
类型 4	像香肠或蛇,光滑柔软
类型 5	有清晰边缘的软颗粒(容易排出)
类型 6	边缘参差不齐松软的块,大便是糊状的
类型 7	水样的,无固体块,完全液体状

你可能好奇为什么我们需要大便量表——有多少人因排出奇怪的大便而大声哭喊？当你知道只有 61% 的男性、56% 的女性排出的大便可以被划归到正常类别时可能会惊讶吧。

有那么多不靠谱的大便在那里，对你来说正常的东西其实很不寻常。除非真的有人费心去创建一个度量表，否则你不会知道。

排泄物移植

接下来要说的令人作呕，你得勇敢面对了。有些人患有严重的消化系统紊乱疾病，如肠易激综合征 (IBS)，但人们对此知之甚少，因此采取了极端的措施。其中之一就是粪便移植，我强烈建议你永远不要尝试。这种观点认为可能是由于肠道细菌数量（也就是你的"生物群落"）不平衡，也许一种或多种细菌比其他细菌繁殖得更多而导致 IBS。有些人不顾一切地想要解决这个问题，以至于他们……实在是无法愉快地对此进行描述……他们从健康的人那里取来新鲜的便便，然后往自己的屁股里喷。这么做是希望健康者的大便有更平衡的细菌生态，而这些细菌会在他们失衡的肠道里正确地平衡地生长和繁殖，从而解决问题。

乍一看言之有理，但是——这是一个巨大的"但是"——他们对改变肠道细菌的利与弊知之甚少，而且有报道说这样的做法具有毁灭性的副作用。至少有一例操作以体重增加而告终，其他的则对心理健康造成影响。美国的一些诊所会提供这样的服务，据说也有很多在家自己动手进行所谓的家庭移植。不要这样做，这很危险，是误解，可能会导致更严重的问题。

食物在我们身体里如何走完全程？

食物和饮品从嘴开始，在你体内一路向下直到肛门走完全程是通过胃肠道一系列波浪式的收缩和放松（这些胃肠运动被称为"蠕动"）完成的。你可能不觉得这是多大的成就，但要知道你的消化道长达 9 米（其实这个长度是对人类尸体进行解剖后得出的，彼时胃肠道处于完全放松的状态，但因为在活体中胃肠道处于紧张状态，所以长度稍短）。想象一下，一个 9 米长的牙膏管，或是一条巨大的蚯蚓（蚯蚓确实也有类似的系统）可以自己挤出食物，而你和它们一样。你的大部分消化道都被环状肌包围着，它们一起工作创造消化运动，而你却无法直接控制。

当你嘴里的食物咀嚼完后，胃肠病学家会称它为"食团"。食团被迫向下前往你的胃时，第一次蠕动就在你的食道中发生了。食道周围的神经会感知到食团正在向下运动，位于食团前进方向的肌肉会放松让它通过，并在它的后面收缩推动它向前。所有这些都是你的神经系统精心设计的，你完全不用操心，很聪明吧！我的几位从事科学研究的朋友亚历克斯·梅尼斯和希瑟·菲茨克在伦敦大学学院医院为我做了核磁共振（MRI）扫描，并制作了一段视频记录了发生在我体内的蠕动。这是一段很特别的视频，你可以在 YouTube 上的 GastronautTV 频道观看。

食团一旦进入胃里,那些讨厌的胃肠病学家又把它的名字改成了食糜。如果你刚刚呕吐出了食物,你可能会想知道你的身体将食物从体内"投掷"出来是不是也叫蠕动。其实不是,呕吐只是你的腹部肌肉做的一个简单的收缩运动。

一旦胃完成食物消化,食糜就会通过你的幽门(它看起来像括约肌,但它并不是)进入你的小肠——小肠之小在于宽度(大约与你的中指一样宽),但长度非常长,大约6米。蠕动在这里会减慢,就像蜗牛的步伐(除非你有严重的腹泻,那时你的身体想要快速摆脱掉坏的食物),因为部分蠕动功能要把食糜和酶混在一起,酶会将食糜分解成各个组成成分,产生的分子会通过小肠壁吸收,再进入血液供你的身体使用。

小肠处理完的食糜会进入大肠（1.5米长，6～7厘米宽），那里的细菌会将剩下的所有有用物质进行再分解，水被吸收到血流中。尽管主要的食物运输来自于肠道的集中运动，但是蠕动依然会在这里发挥作用。这样的情形在一天中会出现几次，都是在你就餐时触发的。这些运动把食糜推向直肠，从本质上讲，到你准备上厕所前，直肠是一个储藏室。

食糜一旦进入直肠就变成了排泄物。直肠壁随着粪便的进入而扩张，一旦有足够的压迫力，牵张感受器就会被激活，向你的神经系统发送信息，告诉你需要去上厕所了。如果你不去上厕所，粪便就会被推回结肠。这意味着粪便中的水分被提取出来的量要比平常更多，这会导致粪便更干、更硬，有时甚至导致便秘。所以该去厕所的时候就要去。

如果你好好地该去就去，你可以坐在马桶上（或者，蹲着更好，这样可以给直肠施加压力）直到粪便进入肛管——这是自由之前最后一次舒展。当直肠收缩，粪便向下，接着最后一组蠕动波将它们推出直肠，穿过肛门。让人乐在其中却又羞又尴尬的排便过程的最后一段是内括约肌和外括约肌一起向上牵引肛门，粪便被畅快地排出体外。

现在洗洗手！

如果不放屁我们会怎样？

砰嘭！

简单粗暴地说如果我们不放屁的话就会爆炸，但实际上会比爆炸更糟糕。如果你真的下定决心，也能憋住不放屁，以下就是极有可能出现的后果——最好的在前，最坏的在后。

1 **疼痛** 首先你会开始感到不适,有腹胀感——会慢慢变成疼痛。肠道疼痛是消化系统不正常的信号,所以任由其发展下去是件疯狂的事。如果你真的憋住屁不放,可能很快就会消化不良和胃灼热,而这只是开始。

2 **屁式呼吸** 如果屁在你的肠道停留时间太长,那些气体最终会被重新吸收到血液中并通过呼吸排出体外。这样不好。

3 **屁嗝** 如果你仍坚持憋屁,那你最后要以打嗝的方式将屁排出。这被称为反胃,通常是因为你的胃内容物向上走而不是向下——比如当你呕吐的时候。但如果你把屁憋在肚子里,而它们又无处可去,它们就会回到你的肠子里,导致你打嗝,并且打出的嗝气味很难闻,带着屁味儿,酸溜溜的。这种混乱的空气回流可能会发生在 IBS(肠易激综合征)患者身上,因为气流穿过他们的肠子的速度似乎更慢。

4 **肠爆裂** 憩室病是一种常见病,憋屁被认为是其诱发的因素之一。如果气体聚集,会在肠壁形成小口袋(蜂窝)——如果这些口袋发炎了,就会导致憩室炎穿孔。如果化脓且没有得到迅速诊断、治疗就会变成败血症,这对你来说是致命的。很不好。

为什么有些屁温度更高？

我们都有过这样的经历：坐在桌前一只眼睛偷瞄你喜欢的那个男孩／女孩——但是大多时候你还是在关注自己的事情——这时你感觉到你的直肠正承受着压力，你觉察到有个屁正在门口等着。你瞥了一眼男孩／女孩后心说"嗯，一个小屁而已"。于是你微微抬起左半边屁股，放松括约肌，尽你最大的努力控制释放的力度，这样它就不会产生太大的声音。当气流安静地减缓停止时，你对自己说："爱死你了，屁神，你真棒！"但随后，一股意想不到的热源正在加热你的裤子，你的骄傲当时就变成了惊慌沮丧。哦，天呐！不，你没想到会有这样的事！你本能地知道自己身上有污秽、肮脏、恶心的臭泥浆一样的东西，但你此时能做的只有：责怪别人。所以你环顾四周，不满地发出啧啧之声，装出最无辜的样子。当然，没人上当受你愚弄，所以你心已死，想知道自己早上离开家到底为了什么。

热屁知识

那么，为什么那些无声却致命的屁温度更高还那么臭？这完全取决于你体内的细菌在分解肠道中的膳食纤维时发生了什么。这一过程被称为新陈代谢，也就是有机物细胞中的一系列化学变化。通过这些变化，燃料被转化为身体所需的物质，同时也产生了一些新的成分。细菌转化燃料（例如，当葡萄糖分解为丙酮酸时的糖酵解）这种破坏性的"分解"过程被称为分解代谢，复杂的分子也因此被分解成更简单的分子，在这个过程中它们可以释放大量的热量——因此就产生了热屁。这种从化学物质到热能的转变叫作放热反应（一种使温度上升的反应）。这是因为像糖这样的分子在化学键中是储存能量的。当它们分解这些分子时，其中一些是快速移动的，也就是说，它们是热的。

所以，当环境条件恰好适合对食物进行涡轮增压式的新陈代谢时，温度高又臭的屁常常会出现：当你的肠道细菌有大量可用燃料（例如你吃了大量膳食纤维）时；要么因为长时间饱食纤维，要么可能你吃了大量益生菌，你肠道里活性细菌开始超速繁殖时；新陈代谢处在最佳工作环境中，例如有完美的内热度和酸度。因此，屁的体积和气味都应该处在极高的水平值上。想想你多幸运！

那些记录人们放屁的红外线视频……

互联网上有很多视频声称是用秘密的红外摄像机连续抓拍四处活动的人群中放屁的人。这些视频很有趣，但我们很确定它们都是伪造的。我们用一个性能绝佳的红外摄像机拍了很多屁，也想找到那神出鬼没的快乐云朵，但我们不可能发现它们。有人想出了一个有趣的点子，用一些有趣的图形来伪装博你一个惊讶的回应。

第 3 章
屁的物理学知识

"哔噗！"

"另外有味"

"咕噜咕啦！"

"喊！"

"喷！"

为什么放屁会产生声音?

欢迎来到"脏兮兮"的物理天地——尤其是肛门声学(研究以声音的方式表现出来的臀部制造的机械波)和括约肌特定流体动力学:研究气体和液体穿过肛门的运动。此处会有很多关于肛门和括约肌的讨论,所以请你打起精神来(在所有非医学专业的人里,我是研究肛门图表最多的人)。

声音来自能产生大量压力波的振动。只有当压力波每秒钟出现一定次数(频率)时,人类才能听到这些压力波——特别是在非常低的低音 20 赫兹(每秒 20 次)到非常高的高音 20 千赫兹(每秒 2 万次)之间。所以,若是一个屁想要发出足够被人听见的声响,那它的振动波值必须来自上述数值之间。这与你的肛门有关——尤其是直肠的外部开口,由两组圆形肌肉控制,被称为内括约肌和外括约肌。

屁气在你的直肠——气体和粪便的储存罐——内增加变强,压力也逐渐生成,这让你感觉需要放屁或者排便,因为一组聪明机灵的微小机械敏感性受体向你的大脑发送消息说"注意你的背部,有大负荷下行即将抵达"。人体的这些感觉器官聪明又敏感,这也是通常状况下你为什么可以分清放屁和排便的原因。当你决定让自己的外括约肌放松一下时(你对内括约肌没有控制权,但是外括约肌听你调遣),增压后的气体得以推开一个小洞穿过你的肛门。

但是为什么放屁的时候肛门会振动,从而产生那非常重要的(粗鲁的)呸噗之声呢?其实,这都因为压力和摩擦。括约肌只是打开一条裂缝让屁排出,但是气体还在移动时它就将肛门括约肌一起吸回来,如此一来,一部分原因是速度更快先放出的一部分屁产生了较低压力,一部分原因是屁在行进时在括约肌边缘周围变成曲线运动,还有一部分原因是肛门的小孔一旦打开,就会有极其轻微的压力随孔漏入你的直肠,这会暂时关闭小孔,但是几乎就在小孔关闭时,压力就会增加一点点,推动小孔再次打开,降低压力再次关闭小孔,并且这样快速打开和关闭的动作会往复持续下去。如果每秒钟打开、关闭的次数至少在 20 次以上,那你就成功创造了一系列处在可听范围内的压力波,放出一个屁。这就是流体动力学的作用 *。很奇怪,对吧?

* 问问你身边的物理学家。流体动力学的一个关键原理被称为伯努利原理:流体速度的加快与压力的降低同时发生——尽管任何称职的工程师都知道,这只适用于流线(流体流动的场线)。但问题是,一旦屁穿过肛门内括约肌抵达肛门外括约肌,逃到开放的地方,情况就变得有点复杂(见第 86 ~ 87 页)。

因此，屁是直肠内的高压与屁穿过肛门时造成的相对低压之间的较量。

在屁排出体外的过程中收紧或者放松括约肌也可以改变屁的声音——收缩越紧，直肠内的压力增高，放屁的音符就越高——也因为收紧的括约肌和变小的小孔而使气流振动加快。

显然，过度放松括约肌的危险在于会有大便不请而出（通常我们称之为夹粪屁），或者，更为糟糕的是，你连屁都不再放了。真是淘气的括约肌。

你可以用控制括约肌制造娱乐效果（见第 129 页）或者以此挽回你和爱人之间的关系。举个例子。黎明前你因感觉庞然之物即将喷薄而出而醒来，却又不想吵醒睡梦中的伴侣，那就自己做好准备卸下空气香肠，然后随着气体流出，将左右臀部远远分开，这样括约肌就会被打开，无法振动产生熟悉而刺耳的声音。相反，你直肠内的气体将会成为被浪费掉的能量逃出你的身体，而它产生的像窗帘一样的沙沙声会让你的伴侣幸福地沉浸在睡梦中（醒不醒过来还要取决于这个气体芳香剂的毒性是不是高）。显然要小心提防后续动作，而大多数称职的放屁人都能做到。话又说回来，如果是早上 7 点，你的伴侣也是时候让他／她体内可怜的家伙起床了，那就把你的臀部和括约肌推挤在一起就像上满弓，让屁纵情释放、高歌，早上好哟！

伯努利原理或者科恩达效应

瑞士物理学家、数学家丹尼尔·伯努利（1700—1782）出生于著名的伯努利家族，这个家族出了好几位科学家，但总是被嫉妒和阴谋占据，并不和睦温馨。他的天赋突出体现在将数学应用于力学，因著名的伯努利原理而为人们铭记。伯努利原理描述了流体动力学中的能量守恒。听起来很枯燥，但它的实际应用一定会吸引你：它是汽化器工作的基本原理，也可能是在不同情况下，不同压力和不同速度下放屁运动的基本原理。

伯努利原理：流体流动条件下，流速越快产生的压力越小。

对这一原理的经典的科学演示是用吹风机将一个乒乓球悬浮在空气中，或者，我个人最喜欢的是用吹叶机让沙滩球飘浮在空中。物理学家对这一现象到底属于伯努利原理还是科恩达效应还存在颇多争议，但是科学实验中对球体周围气流的分析采用了一种很美的视觉化技术——纹影光学系统——可以清晰地展现当球体离开气流中心位置，移动到旁边时，相较于喷射流中心快速流动的气流，在喷射流外侧流动的空气速度会减慢，球体会受牵引，再被推出回到中心位置。

伯努利原理适用于封闭系统，但有人认为在这里也适用。同样，当你的屁从括约肌里冲出来时会产生低压，括约肌打开释放出屁后瞬间压力下降，因此括约肌被吸回。

罗马尼亚工程师亨利·科恩达（1886–1972）当兵时是废物一个，但他却是一名了不起的工程师，他声称制造了第一架喷气飞机，并以自己的名字命名为"Coandă-1910"（尽管他的同僚们和同时代的人不相信他是第一个）。通过对空气动力学的研究他发现流体（水流、气流）有贴附于凸曲表面流动的倾向，并能形成低压区，这就是著名的科恩达效应。这也是另一个，也许更好地解释了沙滩球是如何悬停在气流中心的原理。如果球体从主气流漂移出来，位于喷射流中间的凸曲面上的空气流动会变快（因此压力降低），而喷射流外侧的空气流速相对变慢，气流更猛烈（压力增强），这样会把球体牵引（再推出）回到中心位置。这太复杂了，但是你的括约肌边缘很可能也会发生同样的压力变化。

如何制造单叶片鼓风机——有动力装置的巨大括约肌

简单。首先,你需要一个巨大的括约肌。

1. 先从你家水槽下面找一只橡胶手套顶替,或者买一个直径1米的气球(有这个更好)。如果你用的是手套,那就把5个手指部分都切掉,只留下一个橡胶套筒。如果是气球,就把它横切成两半(也就是说不要穿过气球口竖切,是与气球口平行横切)。

2. 拿起吹叶机。切记要小心一点,这些都是危险物——千万、千万、千万别让吹叶机口对着你的脸。就算是一颗小小的沙粒被吸进去,都会毁掉你的眼睛。永远别这么做。

3. 将手套或气球最窄的一边套在吹叶机口的末端,用强力胶带固定。

4. 戴上耳塞,或者戴上耳机,然后找个朋友帮你拿着吹叶机。你用两只手抓住手套或气球未被固定的那一边,做好将手套或者气球边缘拉开的准备。你要站在吹叶机的旁边,这样它就不会对着你的脸了。

5. 现在大声告诉你的朋友打开吹叶机。在空气从吹叶机中喷出来的时候,拉紧或松开"括约肌",从大嗓门歌手焦急恐惧的歌声到尖嗓报丧女妖的惊恐屁声,任你调整变换。

6. 好欢乐的时光。

污水处理厂如何运作？

你的粪便、尿液和各种各样的厕所垃圾经由排污系统处理的过程与人类的消化过程惊人地相似——细菌分解、某些重要的 A 等气体的产生以及穿过整个系统，像肠蠕动那样持续地运输。最后产生干净的水和最精细、最新鲜的大便废料，回归土地（轻松地完成生命所必需的氮循环）。更吸引人的是，污水处理厂是大型工程项目，配有巨大的阿基米德式螺旋抽水机、巨大的沉淀池和有着未来主义风格外观的生物分解设备。真的，每个人都有适合自己的地方——我不知道人们为什么要去迪士尼乐园。我的朋友穆罕默德·萨迪奇带我参观了位于布里斯托尔附近的英国威塞克斯水电厂的埃文茅斯污水处理厂，我很喜欢那里，去过好几次。

污水处理厂的基本工作是将生活污水、工业废液和城市径流水按其组成成分分离：处理过的水、可用的甲烷、肥料泥和不可用的固体。他们秉承的工作原理是尽可能地让所有的东西都被循环再利用，干净的水回流到河流或海洋中，只有固体和较大的垃圾（尿布、卫生巾、抹布和棉球）会被送到能源回收工厂（没有东西被送去填埋）。

冲完厕所后，各种泥状物质会从你家里跑出来，进入一个由管线和排污管道组成的网络中，分布在网络中的泵站会让这些泥状物质保持运动,直到它们到达污水处理厂。若非如此,那你就需要安装一个漂亮得体的家庭污水处理系统,像是化粪池或者好氧处理系统。化粪池是一种大型容器,通常埋在离你家不远的地方,你家所有的下水道污物都会被细菌通过厌氧(无氧)方式进一步分解。由于需要将污泥定期抽吸出来,而且半处理后的污水自己会直接流入地下,因此,它们只是初级处理系统。

　　从你家里出来的废水到了污水处理厂后通常会直接进入一个巨大的阿基米德式螺旋抽水机,它会将废水向上运送。因为这样需要有恒定的重力流通过系统,所以高度非常重要。接下来是预处理,污水会被推挤穿过一个分离筛,较大的固体物质会被过滤分离出来,然后是初级处理,因为污水被储存在巨大而平静的容器中,这样较重的固体颗粒就会沉到底部,形成厚厚的污泥,而较轻的固体、动植物油和油脂就会浮到顶部,形成浑浊的浮渣。如果你开车经过污水处理厂,就会看到这些大的圆形水池。

如果遇到强降雨，污水处理系统会面临超负荷溢流危险，一些污水处理厂会绕过水处理系统，将水储存在大型雨水蓄水池中，当雨停时再将水抽回，开始启动处理过程，否则，它将被充气并转送二级处理，其中溶解和悬浮的生物物质将被处理，并使用自然产生的微生物分解、去除。然后水就可以被送回系统中（如果它被释放到敏感的生态系统中，有时可能会进入化学消毒的微滤三级处理阶段）。

真正吸引人的部分是初级和二级处理中的污泥消化。沉到大容器底部的固体物质会被移除送到一个与你的结肠工作方式非常相似的厌氧污泥生物处理设备那里去，在那里不同数量的细菌种群会分解有机物，产生更多的水和大量的甲烷（埃文茅斯污水处理厂会用产生的甲烷为工厂提供动力，而将生物甲烷输送到燃气供气管网中去）。由此，污泥会进入一种名叫离心机的大型的不断旋转的装置中去，去除水，产生污泥饼废料。大型卡车会收集脱水的污泥，它们会作为肥料被撒到土地上。

屁巴士

位于瑞士南部的提契诺州的官方语言是瑞士意大利语，所以提契诺地区的公交和铁路公司被称为 Ferrovie Autlinee Regionali Ticinesi SA，或者简称为 FART（英文单词"屁"），所以也叫屁巴士公司。

但是这本书不会为这些有趣的首字母缩略词分心的。绝不！让我们关注的屁巴士来自英国一家名为 GENeco 的公司。这是一家绿色能源公司，制造了一种由人体和厨余垃圾产生的生物甲烷而不是标准柴油驱动的巴士。我坐过几次从巴斯开往布里斯托尔的甲烷巴士，感觉就像在做梦一样，而且它闻起来一点也不臭（尽管巴士外侧车体上那些容不得你忽视的图案是为了让乘客看起来像是正在上厕所）。这种巴士取得了巨大的成功，减少了 97% 的有害空气微小颗粒物和 80%~90% 的氮氧化物排放。正如你想象的那样，它对二氧化碳的抑制作用也非常好。

GENeco 还将一辆大众甲壳虫汽车（VW Beetle）改装为纯人类排泄物甲烷驱动，汽车满载燃料，经由汽车后备箱中的几个增压箱共同作用，可以行驶 370 千米。当初在他们的基地制作我的 GastronauTV（食物＋科学探索）节目时，他们让我试开过，真够刺激的。不，它没有屁的臭味。

前面提到埃文茅斯污水处理厂的甲烷是经由一系列大型球形生物分解装置产生的。它将人类污水和回收的家庭厨余垃圾喂给一组细菌，并且整个过程要维持在适当的酸度和温度下。这个过程是厌氧的，也就是说细菌是在没有氧气的情况下完成分解的——虽然不是每个人都会产生甲烷，但这真的是一个非常可爱的工程，我更愿意称呼它：一个巨大的屁。"屁巴士"和"生物臭虫"都是概念验证项目，旨在证明想法的可行性。布里斯托尔的这个工厂目前每天生产5.6万立方米的生物气体，用于直接替代天然气，而有数家巴士公司计划使用这项技术。

一本正经屁学

造屁机器的组建

(如果你正找有关部门,希望获得资金支持,或者用"厌氧消化池"这个词更适合。)

这是一个认真的、为老师或者家庭DIY/放屁爱好者们准备的指南，其中涉及粪便和液体，还要接触电子产品，所以请务必小心，要对交叉污染的风险思虑周全，再给自己写一份全面的风险评估。我在家里做了一个气味丰富的造屁机器（厌氧消化器），招来妻子的不满，给自己惹了麻烦，所以我希望你的家人能理解甚至和你一起做，就像一根绳上的蚂蚱。造屁机是活的、会呼吸的有机体，所以你必须经常查看——如果酸度不对它就会死。它身上形成外壳时，它就会开始毒害自己，直到死亡。如果它的饲料平衡弄错了……你也知道剩下该怎么做了。

我已经为你列好组装造屁机器所需物品的清单，你可以从实验室设备销售公司那里买到，但是要把你周围的东西都替换掉。我建议你弄一个浸没式加热器，因为一定要保持37摄氏度的恒温环境。

哦，对了，一旦你将机器组装完成，还需要一个"发酵剂"。你最好将大便排在一个桶里，然后就用这个。我曾从某些文章中看到有人用牛粪，但是牛有不同于我们人类的消化系统，所以你可能得不到可以长时间运行造屁机器所需的细菌。这里有几条小建议：

1. 初次看到自己的造屁机器正常运转的你，会对它的产气量震惊不已。别兴奋过头——最初几次排气出来的是大量的二氧化碳，甲烷不多。它需要稳定下来——我曾尝试一次就成功，但再试一次就表现不佳，而且要花三周时间才能重新启动。当然，女性的大便更有可能制造甲烷，所以如果你是一个男人，那你也许只能非常有礼貌地询问身边的女性可否将大便排到一个桶里再交给你。

2. 定期检查酸碱度和热度，也要定期帮它通风和喂食。这可不是什么绝对简单的造屁机器指南——我们假设你是已经拥有一点技能和尝试经验的人。有些项目可能需要视情况替换或者调整。

3. 老师们（其实，任何人都可以和其他人一起做）需要为此写一个风险评估，这样在紧要关头可以着手解决问题，尤其是要考虑清楚卫生问题和污染物处理问题。

你需要一些实验工具。我从一家名叫 Timstar 的实验工具供应商那里买过一些工具，但是你可以随意，只要能弄到以下这些（注意检查你准备的每个工具是否可用，尺寸是否和其他工具匹配，例如管子的直径和塞子的直径）：

浸入式加热器
有电源调节开关的电源
可堆叠 4 毫米插头引线（红色）
可堆叠 4 毫米插头引线（黑色）
辅助设备：液晶显示条
3 个 1 升过滤烧瓶
3 个双孔塞子
PVC 管
一次性注射器

红色橡胶管

Y 形转接器

T 形转接器

3 个霍夫曼止水夹

气体注射器

蒸馏用铁架,包括底座和支架

有橡胶包裹的夹钳

夹头

集气瓶

集气架

集气槽

其他要求:

玻璃鱼缸:不小于 41 厘米 x 21 厘米 (长 x 宽)

1 升大便与 500 毫升温水混合在一起

饲料:助消化饼干、全脂牛奶和糖霜

气球

备选:

3 个小型电磁加热搅拌机／磁力搅拌器(带搅拌棒)

装配

1. 建议在 1 个或 2 个托盘上进行组装，这样方便再移动它们。

2. 给鱼缸装上带液晶显示屏的恒温器和浸入式加热器，并将它们与有电源调节开关的电源连接在一起（要做好预防措施，将电源与水隔离）。鱼缸里注满水。将电源开关调节至最大 12 伏特电压，使水温保持在 37 摄氏度。鱼缸要放在宽敞开阔的地方，这样你可以轻松接触到它。

3. 剪出 3 根长 30 厘米的 PVC 管子，并分别将 3 根管子各自插入 1 个双孔塞子。确保塞子在被放入 1 升过滤瓶中时，管子差不多可以触及瓶底，并且从塞子上边至少留出 5 厘米长的可见的管子。这些将成为"抽取管"，用来移除剩余物质。

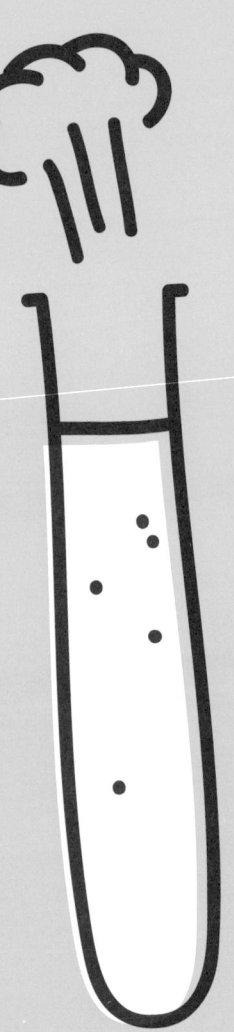

4. 剪出3根长10厘米的PVC管,插入双孔塞子上剩余的孔中。塞子塞进过滤瓶口后,瓶内部分尽量不要露出管子,而塞子顶部的管子至少要伸出5厘米长。这些将会成为"喂食管"。

5. 给所有从塞子顶部伸出的可见的管子装上霍夫曼止水夹(每根管子一个),拧紧止水夹将管子密封住。

6. 利用红色橡胶管和Y形转接器将每个过滤瓶的出口连接在一起,使它们最终连接在一根独立的管子上,末端加上T形转接器,使其分别与一根20厘米和一根不短于60厘米的管子连通。

7. 给集气槽注入冷水,并将其放在鱼缸旁边,然后将集气架放入集气槽中。在集气架上方装好带爪和夹头的蒸馏架,用来放置倒放的装满水的集气瓶。

8. 将不短于60厘米的气体输出管送入集气瓶,直至集气瓶顶部。将气球或者(如果你准备演示点燃甲烷时)将气体注射器连接到余下的20厘米长的气体输出管上。

9. 系统运行,气体被制造出来时会取代输气管中的水。假如气体输出管超出水位线,就可以用气体注射器抽出气体用于分析研究。从造气系统中移除注射器之前要确保注射器输出部分的霍夫曼止水夹处于紧闭状态。

启动与维护

1. 每个烧瓶中放入 500 毫升大便和水的混合物,将烧瓶塞子塞紧。如果需要额外用到电磁加热搅拌机,需在鱼缸下面的每个烧瓶下各放一个,并且确保每个烧瓶被密封前先将一个搅拌棒放入烧瓶中。将 3 个烧瓶全部放入鱼缸。一开始可能需要用胶带固定,否则它们会浮起来。

2. 大便要放置 2 天。

3. 将 20 克糖霜与 2 块细磨后的消化饼干混合在一起,再用全脂牛奶稀释直到其变成浓稠的液体。这是饲料,一次可以多做些,存储在冰箱或冷柜中。

4. 喂食时,可用注射器抽取饲料,再与过滤瓶的喂食管对接相连,推送饲料。再用这个空注射器抽取过滤瓶管,打开霍夫曼止水夹,并在放掉相同数量的厌氧分解产生的沼渣前将饲料放入过滤瓶。在移出注射器并处理沼渣前要关闭霍夫曼止水夹。

5. 最初的修养期后,开始逐步喂养,每瓶污泥每天增加 5 毫升。每天不要超过 30 毫升的饲料,一旦逐步增加量达到这个目标,就把饲料分成每天两次,每次各 15 毫升。

6. 在两种情况下气体产量会增加。污泥造气系统会产生大量的气体，但是如果某一天产气量相对前一天明显下降，则停止给喂饲料，直到产气量增加，然后再开始逐渐增加喂饲量。

7. 祝你好运！

> 一个男人说："我妻子是个有趣的人。她生日那天想去最喜欢的法餐厅吃饭，于是我们打扮一番就出发了。"
>
> "哦，那餐厅怎么样？"他的同伴问。
>
> "虽然食物不算太坏，但贵得要命。而且餐量很小，从餐厅出来好好放几个屁的话就觉得又饿了。"
>
> ——《屁的历史》，作者：本杰明·巴特博士（Shelter Harbour 出版社 2014 年出版）

第 4 章
屁的医学知识

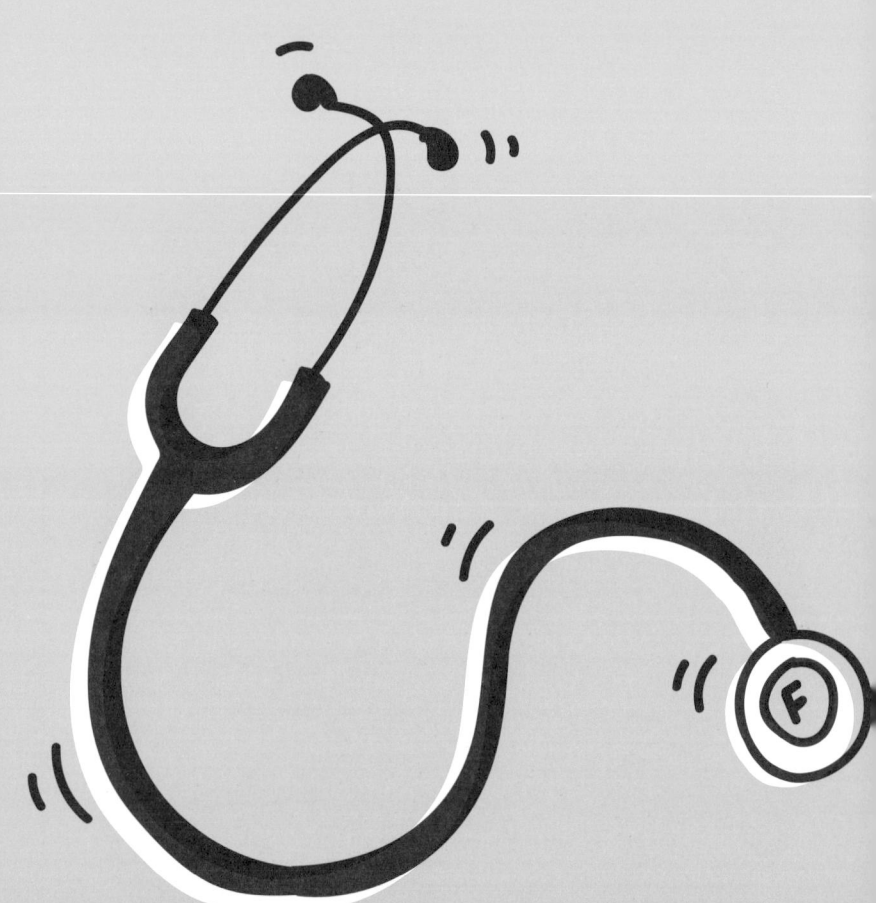

怎样才能看到肠道内发生了什么?

我有一个漂亮的身体。它的外表可能说不上多漂亮,但内部却优美宛转,呈现优雅的动态。为什么我知道自己身体的内部状态?因为我曾吃过几个摄像机,包括一个一次性药丸相机(参见运动相机,但要小得多)。我还经历过几次核磁共振(MRI)扫描。除了狂躁到难以控制的好奇心,其实我的身体没出什么状况,我似乎停不下来总要去看一看。

胃镜检查(全名 oesophagogastroduodenoscopy)需要将一个摄像机插入咽喉,穿过胃直到你的十二指肠,即小肠的第一部分。这个过程让你完全高兴不起来,但是颇得医生们的喜爱,因为它是非常有用的诊断工具。血液检测和细菌培养也都很好,但是没什么比下去那里四处看看,一探究竟更好的了。如果你的消化能力不达标,或者你的屁显示出身体有些不对劲,那么,你不久就会遇到一个胃肠病学专家,他会拿着一个放在一根长长的弯曲手柄上的小巧的摄像机。

我做过三次不同的胃镜:一次药丸相机、一次小型经鼻胃镜和一次较大的 OGD(或 EGD)上消化道内视镜,虽然做检查时的我样子不够庄重,但每一次都令我着迷不已。

药丸相机是一款具有独创性的精巧小相机,有集成闪光灯,密封在一个 2.5 厘米长的药丸中。这是一项侵害性最少的技术,也最有趣——它就像一团食物在你的消化系统里慢慢游走，一路闪着微光，边走边拍摄。它的优势是可以穿过十二指肠，整个小肠和结肠，然后穿过直肠和肛门。但缺点是你无法控制它，命令它去看你想看的某个东西，当它碰到溃疡或者其他异常部位时，可能它的摄像头方位恰好不对，你看不到这些异常。顺便说一句，我曾试着在接下来的一两天里在自己的大便中找到闪着微光的它，但是没有成功。要是我能把它找出来再放一次就好了。

我还做过一次鼻内窥镜，用一个非常小的带摄像头的探头直接推到鼻子里，通过食道向前进。我当时在椅子上坐直，好处是可以在整个过程中聊天（如果你也想的话）。因为鼻子被摄像机堵住了，所以会有点不舒服，但是并不会觉得疼。胃肠科的医生可以仔细看看身体内的情况，因为他可以很好地控制摄像机。但缺点是我们能看到的画面不是很清楚，因为摄像头要能小到可以塞进鼻子里，所以镜头的分辨率相对较低。

我最喜欢的内检是食管－胃－十二指肠内镜通检，整个过程采用同类中最大的内镜：安装在完全可控的机械手臂上的口红大小的高清摄像机，有多种特殊功能，包括照明，一个喷射生理盐水清洗粪水的喷嘴，还能压缩空气以便扩张内脏，让摄像头可以180度旋转仔细检查每一个角落和缝隙。内检时受检者牙齿之间要戴上护口器，防止摄像机在体内下行时被受检者咬住。这一切都是由一系列的触发器和按钮控制的。经验丰富的胃肠病学家可以媲美最好的电影摄像师。这种内镜检查的缺点是会让人非常不舒服。最初，摄像头会被推到你的喉咙后面，而后你会感觉它在你的身体里移动。你因为异物感而想把摄像头呕吐出去，也想打嗝将窜入体内的空气排出去，这样的情形可能会让你觉得不够体面，有损自己的光辉形象。尽管医生会在下入内窥镜前将香蕉味的局部麻醉剂喷在你的喉咙里，可你还是会感到喉咙痛。然而，想想这样的内镜检查可以带来令人惊叹的高清视频，它还是一种可以由人主导的能分毫不漏地仔细检查你的内脏器官的一种方式，那些不舒服不体面的抱怨就显得微不足道了，至少你不用进行创伤性手术治疗了。

如果你需要接受胃镜检查，可能你会对检查过程心怀恐惧，但是请相信我的话：尽管它会让你觉得不舒服又怪异，但是实际上这个过程并不痛苦，它很快就会结束，整个过程耗时出乎意料地短。多亏我那位可爱的胃肠病学家朋友菲尔·伍德兰德（还要感谢伦敦皇家医院）帮我做了食管－胃－十二指肠镜检查。如果你有兴趣了解更多，可以在YouTube上的GastronautTV频道找到相关视频。

放屁太多有方法止住吗？

如果你真的觉得自己放屁太多的话，确实有几个方法可以帮你减少产出量，但是你会面临危险——抑制废气的产生总归不是个好主意。

怎么才算放屁太多？

最常用的针对抱怨自己放屁太多的人的治疗方法就是尽可能地让他们相信自己没有问题。运行良好的消化系统每天会产生健康的 0.5～2.5 升那么多的气体。大多数人都对放屁多这件事爱不起来，但放屁多并不意味着对他们的健康有害。

改变饮食

改变你的饮食习惯是你能做的最大限度的改变，但是这也是最危险的方法。你可以减少自己饮食中膳食纤维素的数量，但是英国人平均每天摄入的膳食纤维素只有 18 克，而科学建议每日摄入量是 30 克。我不会出手阻止你，但请你记住，鱼、肉和乳制品美味可口但是不含纤维。纤维有助于预防心脏疾病、糖尿病和癌症，改善消化健康，防止体重增加。不摄入纤维很可能会导致便秘。如果你能保证自己会照顾好自己，并且会咨询医生，那么你可以通过以下方式减少排气：

- 少吃豆类（它们通常含有被称为低聚糖的复合糖，尤其是特别有益于屁气生产的蜜二糖）
- 少吃富含膳食纤维的蔬菜，例如洋姜、卷心菜、花椰菜、洋葱和大蒜

对于那些乳糖不耐受且缺乏乳糖酶的人来说，乳糖无法在小肠中被分解，因此会被大肠中的产气细菌分解。如果你也有这个问题，那就可以少吃奶酪和其他奶制品，但要确保以其他方式摄入足够的钙。

减少空气吞入 *

喝与嚼东西时尽可能慢一些，尽量避免吮吸硬糖或者笔尖，不抽烟，不嚼口香糖。

---

* 这个听起来怪怪的，对吧？这么说吧，呼吸和吞入空气（被称为吞气症）两者存在很大的差异。当你在呼吸时，你会通过喉咙前面的气管吸入空气，让它们向下进入你的肺。但是当你吃东西的时候，你的会厌（一种叶状的软骨组织）会盖住气管，这样你吃的食物会被转道放行至更小、更灵活的食管中去，朝向你的胃前行。因此，尽管食物到不了你的肺部，但是空气和其他气体却有可能进入胃部，与你吃下或者喝下的食物饮品混合在一起，或者你在吞咽时也会有空气进入胃部。有些气体会通过打嗝排出体外，但大部分气体还是会在消化系统中穿行，要么被吸收到血液中，要么最终以屁的形式排出。所以，减少空气吞入就会少放屁。

脚踏大地

别坐飞机,不要成为宇航员或攀岩者,因为高海拔会损害你的肠胃。澳大利亚的一项研究表明,快速登山后的人在 8 ~ 11 个小时内的放屁次数翻了一番,这很可能是因为血液中溶解了大量的二氧化碳,当你越爬高,大气压力就会降低,使得二氧化碳扩散,进入肠道并喷发出来!商用飞机只能承受相当于海拔 800 ~ 2400 米的压力,所以坐飞机也会产生同样的问题。

避开山梨醇

别嚼口香糖或者吃那些专为糖尿病人准备的无糖食品(除非你有糖尿病),因为它们通常含有一种名叫山梨醇的甜味剂,而小肠是无法消化这种甜味剂的(因此它是一种膳食纤维),但是产气细菌会非常踊跃地将它们分解。

小食量

少吃多餐通常会减缓从胃部释放出来的食糜,使消化尽可能多地在小肠完成,让能产生气体的大肠尽量少完成一些工作。

别喝汽水

少喝碳酸饮料,因为一部分二氧化碳最终会变成屁。

如果你担心在飞机上放屁会冒犯邻座的乘客们,别担心,飞机上排出的富含二氧化碳的屁的味道要比平常的屁臭味小得多。

薄荷

喝薄荷茶。但多数对薄荷的研究都是针对肠易激综合征（IBS）患者进行的。研究表明薄荷可以镇定胃部肌肉，减轻腹痛。

咨询医生

向执业医生咨询以下内容：

- 阿尔法半乳糖苷酶（Alpha-galactosidase）。听起来像是科幻小说中的度假胜地，但实际上它是一种酶，可以帮助分解糖脂和糖蛋白等低聚糖
- 益生菌。这些可能是胃肠道的蠕虫（如果你的肠道菌群紊乱，会产生健康风险），但是一些益生菌混合物已经被证明具有一定效果
- 抗生素。我们正身处滥用抗生素的危险境地，但有一项研究表明利福昔明对降低身体产气量有明显的效果，虽然随着时间推移其作用会减弱，但仍能保持可观的效果
- 二甲基硅油。这是一种抗泡剂，可以分解肠道内的气泡，被认为是治疗急性腹泻的有效的方法

炭

试试服用活性炭片，很奇怪是吧？活性炭内部具有非常密集的微观孔隙结构（基本上是一个内表面面积巨大的海绵）可以促使分子吸附在自己身上。口服活性炭片是否能有效止屁还有待商榷（它对吸附哪些分子并不怎么挑剔，几乎来者不拒），但至少已有一项研究说它不具备此类功效。

有什么办法让屁没那么臭?

1. 烹煮十字花科的蔬菜(卷心菜、西兰花、菜花)的时间不要过长,因为这类蔬菜中硫化氢的含量会随着烹饪时间的延长而增加。

2. 别喝啤酒(仅限男性)。为数不多的几项关于屁的正经研究中有一项研究发现,男性喝掉的啤酒数量与屁的气味之间存在着明显的相关性,但女性的相关性较低。

3. 别吃肉类和高蛋白蔬菜。蛋白质中的含硫氨基酸会分解形成那些散发恶臭气味的含硫化合物。

4. 别吃豆类,尤其是大豆和斑豆。

5. 别吃大蒜、洋葱和阿魏。

6. 别吃油腻的食物。

7. 试试含有水杨酸亚铋的胃肠用铋剂,它对肠道中的硫化气体有约束作用。

8. 坐在一大包活性炭上面,或者买一种能够减少屁排出的内裤。别以为我在开玩笑,我是说真的。

你能买到可以滤除屁的裤子吗？

你不仅能买到这样的裤子，而且它们确实有效。科学家对屁的味道做过的正经研究很少，其中有一项研究的目的是评估炭织物衬垫能否吸收那些导致屁味难闻至极的含硫气体。苏亚雷斯、斯林格费尔德和莱维特在经过一系列并不体面的测试和直肠内研究后得出结论："含硫气体是主要的，但不是唯一的构成人类恶臭屁味的成分。炭织物衬垫能有效抑制那些含硫气体的泄漏，影响环境。"

它们真的是超级聪明的设计产物，通常由相当坚固的密封材料制成，有一个特殊的内衬。裤子的腰部和腿部具有很好的弹性，因此没有任何气体，无论是好的气体还是坏的，能在不经过活性炭膜的情况下穿透裤子，而这种活性炭的微孔率极高——从根本上说它就是一个由数百万个小孔组成的固体海绵。1 克活性炭的表面积超过 3000 平方米，这就意味着它能吸附大量的气体或者液体（吸附是指原子、分子或离子黏附在一个表面）。活性炭通常应用于净化空气和水，治疗中毒和服药过量（它可以吸收消化系统中的毒素），也可用于污水处理，脱咖啡因，以及制作防毒面具。

如果你认为滤屁裤只是为那些因健康原因丧失体面尊严的人准备的，请你浏览 www.myshreddies.com 这个网站，那里有一些很好看的——有人可能会觉得很性感的——短裤、工装裤和睡裤，据说都很管用。

我怎么增加排气量呢？

如果你已经在吃富含膳食纤维的食物，但是仍想让你的肠道产出更多的气体，不用害怕，我有更多秘诀。

吞入空气

我们放出的屁 25% 来自吞入的空气，所以你仅需要吞入更多空气就能增加放屁量，这非常简单。你吞入的空气有一部分会通过打嗝排出，但大部分仍坚持在你的体内走完全程。试试以非常快的速度吞咽食物，咀嚼各种物品，例如笔帽，这样可以增加唾液分泌，促进更多的吞咽。嚼口香糖也是管用的方法。

长时间烹煮卷心菜

相对于放屁量，这个方法对增强屁臭味更有效。卷心菜中的硫化物的含量会随着烹煮时间延长而增加，会让屁更臭。在 5 到 7 分钟的烹煮时间里，卷心菜的硫化物含量会翻番，煮出来的卷心菜很难吃，但这丝毫没有改变我奶奶的烹饪习惯。

摄入充满气体的食物和饮品

水和空气是食品制造商喜欢在他们的产品中添加的两种成分，因为它们很便宜。富含二氧化碳的碳酸饮料是个不错的主意，但是牛奶泡沫，比如漂浮在卡布奇诺或热巧克力上的牛奶泡沫也是非常稳定的，会在泡

沫破掉释放出气体之前，让大量的空气留在肠道内相当长一段时间。也有不少食物经过烹煮会吸收气泡：蛋白饼，生奶油，蜂窝状的零食，用玉米、大米和马铃薯淀粉制成的膨化食品，还有米糕。有趣的是，生巧克力棒通常是由氮或二氧化碳而不是空气制成的，但这些都要被排出体外。

将空气吸入肛门

有的人只要稍加练习，就能把空气"吸入"肛门，这样就可以按需要控制放屁。著名的法国屁艺人勒·裴托曼（Le Petomane，本名约瑟·普约尔）就是用这种方法控制自己丰富多样的屁的。仿佛上天眷顾，他不仅拥有奇特的生理构造，而且还能灵活自如地加以控制。他捏紧鼻子，收缩横膈膜时腹部会膨胀，进而通过肛门吸入空气。

我曾在学生时代尝试过一种有用的方法，虽然现在对我来说不管用了，但也许你可以：

1. 仰面躺下，双腿顶着墙面。
2. 尽量抬高双腿（尽可能地抬高，但不要高到让你觉得臀部绷紧），同时略微伸展双腿（别伸得太远，否则臀部也会产生阻止放屁的反应）。
3. 放松肛门，屏住呼吸（堵住喉咙）这样就不会有空气被吸入，然后试着提升横膈肌，让你的躯干做出吸入的动作。
4. 如果不奏效，试试胸部吸气，同时张开左右半臀或者上下左右地让你的后背移动起来。
5. 坚持住，要有不屈不挠的精神。

释放肠道气压

如果你已经能感觉到肠内的压力，知道有个屁正潜伏在你体内只是缺少排出的动力，胃肠病学家有时会向你建议一种可以帮你排便排气的方法。左侧卧躺在地上，就像西姆斯卧位那样（一般直肠检查会用到这样的卧位）右腿膝盖弯曲，继续移到胸前，然后复位——重复这个动作几次。这样做会使肠子移动，并给（位于你身体左侧的）下行结肠施压，屁应当就停在下行结肠里，希望这股压力会迫使气体向下移动，产生屁放出。

别吃土豆、香蕉和小麦

屁迷们应该尽量避免吃这些食物，因为它们会减轻屁臭味（尽管不会减少屁量）。土豆和香蕉中含有抗性淀粉，而小麦中含有果聚糖。有说法认为这些食物极易发酵，因此结肠内的细菌会忙于分解碳水化合物而再接触不到蛋白质，因此产生的硫化氢就更少了。

感染上贾第虫病

我可没有鼓励你染病，只是希望你引以为戒。贾第虫是世界上最常见寄生虫病之一，它会让你感到疲倦、恶心，会导致水肿、腹泻、呕吐、头痛等症状。这种疾病是通过感染了兰伯氏贾第鞭毛虫囊的粪便传播的，大约 10% 的感染者没有任何症状。最重要的是，人在感染后会暂时对乳糖不耐受，如果食用了乳制品，放屁量会惊人地增加。但这算不上它的优点，我们需要全盘考虑。

为什么放屁令人尴尬？

(尴尬心理学)

即使我这样的屁学者也会因为不合时宜地放了一个失控的屁而尴尬不已。但是，为什么会这样呢？那些我们身体机能正常运转所必须的自然功能，像是打呵欠和打喷嚏都能让我们得到来自父母和爱人的关爱慰问，而放屁反倒惹来厌恶呢？这很有可能根源于古老的瘴气致病的理论（见第121页）——腐烂的气味和糟糕的空气是可怕的流行病，如霍乱的罪魁祸首。因此，屁不仅仅只是因为不合时宜的声音表现出基本的不体面的人性，它还明明白白地体现着危险，它将恶劣腐烂的臭味与疾病、疼痛和死亡联系在一起。事实上，这一说法在19世纪50年代之后就被彻底推翻了，但也是徒劳，对屁的名誉伤害已经既成事实。再加上大量的和可怕细菌有关的疾病与那些从人类臀部排出的东西之间确实存在关联，人们对屁的厌恶就更板上钉钉了。放屁的行为在当下的社交环境中是不被接受的，似乎屁再也回不到单纯的本源了。

当某个行为从社交方面看是不被接受认可（不是道德上的错误）时就形成了尴尬理论的基础，它会逐步损毁我们试图向他人展示的自我形象。因此，就算我们可以指责社会人为地构建了对与错的概念，但尴尬感是我们自己的，而不是别人的——之所以这样，是因为我们想要向他人传达和表现的感知内容让我们产生了尴尬感。从根本上说，我们的尴尬要归咎于我们自己。

尴尬产生的效应会让人感到虚弱：脸红、出汗，产生防御心理、紧张不安，有时会神经质般地笑起来——这些反应在某些人身上会表现得更强烈。但为什么会这样？尴尬会起到什么样的作用？有一个有趣的说法认为向他人表达尴尬（自黑）具有缓和气氛的作用，能证明放屁的人知道自己的行为有所冒犯，但他们了解该有的行为准则，并为此次冒犯致歉，"希望下一次能证明自己"。甚至还有些研究表明不容易尴尬的人更有可能做出反社会的行为。

我们身处的社会有很多抽象的准则和预期的事物，如在人群中脱帽以示礼貌，当女性（或者其他大人物、长者）走入房间时要起立，不要用左手的叉子去捞盘子里的豆子（对，我做不到），也不要当众放屁。诸多诸如此类让人难以理解的古怪习惯根源于历史上对等级的描述——你自己应当遵守一整套行为准则，与更高的社会等级相匹配，而中产阶级因为开始渴望融入那些阶层而不得不遵守这些准则。

格外有益！

苏斯博士的动人故事《史尼奇》将抽象的社会阶层概念撕碎。他的史尼奇们被分成上等阶层，以胸前佩戴星徽为标志，而下等阶层没有。有一个企业家带着一台可以为下等阶层贴星的机器出现了，下等阶层纷纷为此掏钱。上等阶层觉得备受侮辱，意识到他们需要将星徽去掉以示不同。那个企业家也乐意帮忙，于是下等阶层也纷纷效仿去掉星徽，如此不断反复，贴星、去星，直到所有的史尼奇都忘了谁应该属于哪一个群体，而企业家却变得富有起来。史尼奇们意识到歧视性的区别是荒谬可笑的，他们开始像朋友一样和睦相处。如果这个社会的其他问题都能如此简单地解决就好了。

然而，社会学家们对此看法就没那么消极，他们认为礼仪是迈向稳定社会秩序的进步，阶层化的社会是让中央集权和公共生活变得可以忍受的一种方式。我憎恶礼仪，但同时也明白它们可能是有用的。哪一个从根本上说更好？是通过重击他人维护权威，再一步步爬到你所在社会群体的顶端，还是建立一套抽象的礼仪和社会预期行为体系，以尴尬感等工具加以规范管理，从而防止人们遭受重击？我自己不想成为击倒别人的强者，我更愿意选择礼仪规范，虽然我仍然觉得它们令人窒息。

行为规范迫使我们将屁隐藏起来真的让人匪夷所思，这会导致身体和心理上的不适，可能会引起消化问题和真正的疼痛。屁在社交层面上的污名难以转变，我也不认为自己能很快看到什么变化。但是，去他的，我们仍可一试！

为什么你应该洗手？

难闻的气味自古就名声很差，而且千百年来一直为那些仅靠洗手就能轻松解决的可怕问题承担骂名。直到 19 世纪 80 年代，疾病传播的普遍理论仍建立在瘴气的概念上，瘴气是从腐烂的有机物散发出的恶臭的"坏空气"——可能是因为霍乱会在那些没有排水设施，积水散发恶臭之地蔓延。事实上，霍乱是通过水传播的，而不是空气或者屁传播的，但直到 1854 年，英国内科医生约翰·斯诺发现其中关联时，人们才知道。即使 19 世纪 50 年代霍乱在伦敦和巴黎爆发期间，很多人仍忽视斯诺的发现而导致疫情恶化。

现代护理学创始人，英国人弗洛伦斯·南丁格尔更具行动力。1854 年，克里米亚战争期间，她认定降低死亡率最廉价、最有效的方法之一就是洗手，并保持基本的环境卫生。她是对的。

但是我们听了吗？听个鬼吧！如厕后不洗手的人数占比高得惊人。2015 年在全欧洲进行了一次超大规模的问卷调查，数据结果隐隐散发出恶臭：62% 的男性和 40% 的女性根本不洗手，他们仅仅觉得麻烦。

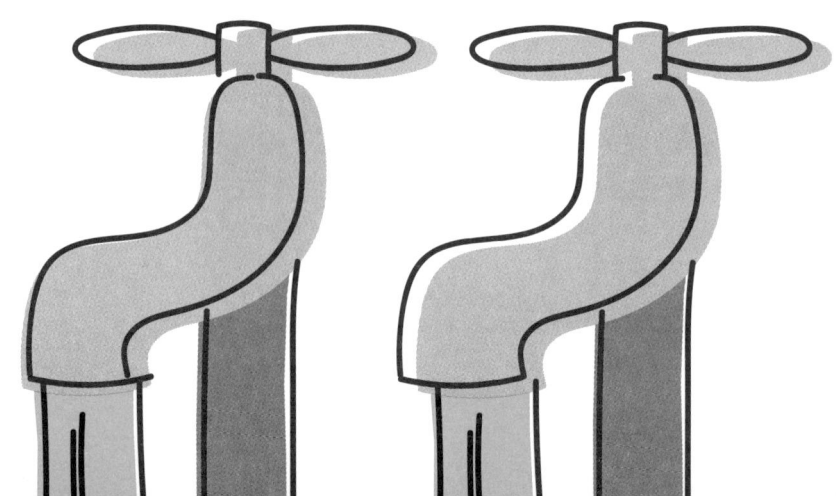

我是坚定的洗手派，会非常认真地洗手（尽管我相当确定学生时代的我认为爱洗手是娘娘腔或者懦夫失败者才干的事），可即使是现在的我也做不到英国国家医疗服务机构（NHS）建议的持续15秒钟的洗手时间。

可能你现在在想："别再婆婆妈妈地管着我了，我的健康我做主！"好吧，洗手可以减少约30%的腹泻发病率，而手部不卫生是50%的食源性疾病的致病因素之一 [看看疾病控制和防御中心网站在"科学依据"（Show Me the Science）页面中与洗手有关的大量研究数据吧。洗手不仅对你自己很重要，对你的朋友和家人们同样重要]。用肥皂洗手是经常被提及的预防腹泻、肺炎和其他急性呼吸道传染病最有效、最廉价的方法。也请你不要忘了，肺炎是五岁以下儿童的头号死因。

但更重要的是，你的脏手可能会对你触碰到的人造成威胁，即使他们已经认真洗过手。你可能很健康，不需要怎么费心就能从疾病中恢复过来，但是，如果你携带的细菌从一个表面交叉污染到另一个表面，然后再传播到其他接触者，像是老年人、病弱或者免疫力差的人手上，很可能带来悲剧性的后果。大家都行动起来吧，洗手又能有多难呢？

细菌能轻易地通过交叉传染进行传播——只要一只手触碰到了某种细菌，而后触碰了另一个表面，而其他人的手接触了这个表面后再用手碰了自己的嘴唇，传播就完成了，这是细菌让人着迷的一点。

这些细菌能四处传播，在我的一个大型科学舞台节目《人体黑客》（Bodyhacking）中，我们给假发涂上一层对紫外线敏感、在紫外线灯光照射下会发光的粉末，然后将假发戴到一个在观众席间穿梭的机器人头上。我们鼓励观众去偷假发，再把假发扔来抛去，结果很多人都接触到了假发，到最后很多人不可避免地触碰了自己的嘴唇、鼻子还有其他人。在稍后的节目中，我们关掉所有照明灯，将几盏紫外线大灯打开并对准观众席，看看粉末散播有多远。结果令人震惊：粉末到处都是，远远超出最初的接触点。这是一个能很好地解释交叉污染的方法，但是也能起到负面作用：你可以在黑暗中发现谁被谁捉弄，而这可能会引起争执。

除了放屁,排气在生理学上还有哪些说法

呃逆

是膈膜突然的不自主的痉挛,我最小的女儿就深受其苦。一旦这个动作被触发,呃逆就会在四分之一秒后开始。有趣的是,呃逆并不是由你的大脑控制的,它们是你身体的某一部位对另一个部位的自动反应,用到的是一种被称为反射弧的东西。自进化论不再被认为是无稽之谈后,"呃逆有什么用"这个问题就一直困扰着人类。

只有哺乳动物才会呃逆,但是有一种理论认为呃逆是两栖动物的进化残余。蝌蚪的呼吸与呃逆相似(这只是为什么青蛙一无是处的众多原因之一 ——除了非常有趣的公主香吻之外)。还有一种说法认为呃逆能帮助婴儿将体内滞留的空气排出,有助于哺乳喂养。除了给颈部和膈膜之间的膈神经使用大量的镇静剂或手术干预外,没有可靠的治疗呃逆的方法。但膈神经对呼吸非常重要,在这里动手术会引发很多并发症。但即便如此,《内科医学》杂志上的一篇论文详细阐述了用手指持续按摩直肠如何有效地止住某些人的呃逆。这就引发了一个问题"你有多爱你女儿?"我的答案是"没那么多"。

哈欠

这种令人十分愉快的反射行为被归类为"非常有趣,但不值得进行大量严谨的医学研究,因为没钱可赚啊,先生"。哈欠包括深吸气,下颌完全伸展,闭上眼睛,耳膜伸展,然后呼出那些空气,它与困倦、压力和无聊相伴而行。至于我们为什么会打哈欠有很多很多说法,其中我最喜欢的一个是它能让大脑降温。我宁愿人类不知道打哈欠是为了什么,因为一旦其中缘由被找出来,就可能有人发明出止住哈欠的方法,这会是一件可怕的憾事,因为我爱打哈欠。

打喷嚏

打喷嚏是不由自主的,尽管你可以稍稍控制自己打喷嚏的方式,但这并不意味着你应该尝试控制打喷嚏。如果你试图用塞住鼻子、闭紧嘴巴逼停一个大大的喷嚏,会导致你的鼻腔通道局部破裂、耳膜破裂、眼部血管破裂、肋骨骨裂,引发脑动脉瘤或者导致空气气泡进入你胸部的深层组织和肌肉中。这些都是有真实案例的。

打喷嚏有一个好处——摆脱那些刺激鼻腔黏液的异物,将它们清除出去。这些刺激物会引发组织胺释放(因此抗组胺药被用于花粉症的治疗),而组织胺会触发鼻子的神经细胞向大脑发送微电信号,同时,你的脸、喉咙和胸部会即刻启动不由自主的瞬时反应。

人类这个奇怪的行为有个更奇怪的说法：有些人会因为饱食一顿大餐而打喷嚏。听障人士打喷嚏的声音不会很大。菲律宾人打喷嚏发出的声音是"哈－倾（ha-ching）"，而不是"啊－啾（ah-choo）"。

腹鸣

肚子发出咕噜咕噜的声音在医学上有专门的术语叫腹鸣音（borborygmi），这些声音是由流经肠道的液体和气泡发出的。这些声音有时是由胃发出的，胃被清空两小时后会向大脑发送信号，重新开始蠕动进行内部清理。胃的振动被认为会产生饥饿感。腹鸣可能让人觉得奇怪，但是完全正常的。

打嗝

在上流社会中，打嗝比放屁的容忍度稍高，但仅此而已。打嗝或者饱嗝是胃和食管非常自然的排气行为，因为你在说话或者吞咽，或者摄入的饮食中含有气体，尤其是喝了碳酸饮料时会吞入空气。婴儿在进食的时候会吞入大量的空气，这会让他们感觉不适，直到通过打嗝将空气排出才能缓解。我们吞入的气体不会通过打嗝退出体外，大部分的气体会在身体里走完整个消化系统（被吞入的气体占放屁排出气体的25%）。牛打嗝大多是由于它们的反刍消化方式，它们打嗝排出的气体中由它们的肠道产生的甲烷古生菌占比很高。

第 5 章
屁的冷知识

世界上最伟大的放屁者

甲烷先生（Mr. Methane）很了不起。毫无疑问，他是当今世界上最伟大的放屁大师。出现在电视节目中的他身穿绿紫相间的超级英雄服，戴着绿色面具。他对自己肠胃的控制能力简直出神入化。此人单次放屁可以持续整整一分钟，是漫长带着热度的屁。他可以用屁吹灭蜡烛，还可以从屁股射出飞镖打爆气球（看看他在 YouTube 上令人大开眼界的视频吧）。但如果你认为他是一个年轻爱热闹的滑稽演员，那真正的他会大出你所料。他是个身高 2 米的中年人，来自英国麦克尔斯菲尔德。他的真名是保罗·奥德菲尔德，待人接物周到礼貌（他用纯正的英式英语"motion"而不是"poo"来表示大便），有像石头一样坚硬的麦克尔斯菲尔德口音，具有一种干冷的幽默感。

甲烷先生是在 15 岁时发现自己有这个天赋的（他告诉我是天赋自己来找他的）。当时他正和妹妹一起努力练习瑜伽。这些扭曲的瑜伽动作让他放出很多屁。他继续做放屁尝试，直到他的爸爸走进来告诉他"你再这么做会惹麻烦的"。除了帮他在学校赢得一些赌注外，他的这个超能力多年来一直未被充分利用，而他那时正尽全力要成为一名火车司机学徒。直到有一天晚上，一个朋友带他到麦克斯菲尔德一家名为尖叫海狸的俱乐部，他被硬拽出来向大家展示自己不同寻常的能力。在结识摇滚乐队 Macc Lads（无论你在办公室做什么都别听他们的音乐）后得名甲烷先生，他那极其辉煌的事业就此展开，在各国巡回表演，有声望，但也臭名在外。

保罗的方法是在演出前3小时排便以获得适当的肠内压,然后仰面躺下舒张括约肌,从腹腔向上提升横膈膜"吸入"空气(他承认自己并不知道是怎么做到的)。这一切都是为了能轻松表演,而仰面躺下就很容易做到。但是如果他不得不站立着蓄气,空气会被堵在横结肠和升结肠中间,让他感觉很疼。如果你有机会预订到他的演出票或者与他见面,你不会失望的。他的直肠之歌——就是用放屁演奏《蓝色多瑙河》——会让你无法呼吸的。

勒·裴托曼

世界上最伟大的已故放屁大师毫无疑问是法国明星约瑟夫·普约尔。1857年,普约尔在马赛出生,后以勒·裴托曼(翻译过来大意是放屁疯子)的艺名广为人知。有一次,他在海水里弯下腰,并深深地吸了一口气,他感到一股冰冷的水流冲入体内,似乎将他身体填满,这位面包师的儿子由此发现自己的肛门具有吸入能力。20岁参军后,他开始练习让放屁的时间尽可能延长,并且可以变换不同的音调,这样他就可以用屁股唱歌了……

19世纪80年代中期,他在法国各地表演放屁技艺,后于1892年参加了世界著名的巴黎红磨坊夜总会的试演。他当场就被确定留用,并在两年内成为法国出场费最高的演员,每场演出票房收入高达2万法郎被传为佳话。他通过放屁做各种模仿、表演,从新婚之夜的新娘(害羞的短小的吱吱声)开始,接着这位新娘度过了数月的婚姻生活(很有气势的喇叭声)。他能模仿动物,用屁股吹笛子,从肛门里吹出烟圈。

他的表演以《马赛曲》收尾,最后用屁吹灭蜡烛(甲烷先生学会了他的绝招)。据报道,他的表演非常有趣,护士们会在场待命,以便帮助那些晕倒的、失去活动能力的观众(这是自称在现场的人们说的)。这一切都为约瑟夫赢得极高的声望,他也因此能和马蒂斯、雷诺阿这样的人交往。他的表演生涯一直顺畅地持续到1914年至1918年的第一次世界大战,在那之后,他开了一家面包店,于88岁离世。

罗兰

中世纪最伟大的放屁者可能是罗兰,他是12世纪国王亨利二世的宫廷吟游诗人。他的压轴表演是一个舞蹈,他可以同时表演"跳跃、吹口哨和放屁"。他得到了位于萨福克郡占地超过40公顷的海明斯顿庄园作为奖赏。但相信亨利三世不那么贪图享乐,因为他又把这些都收回来了。

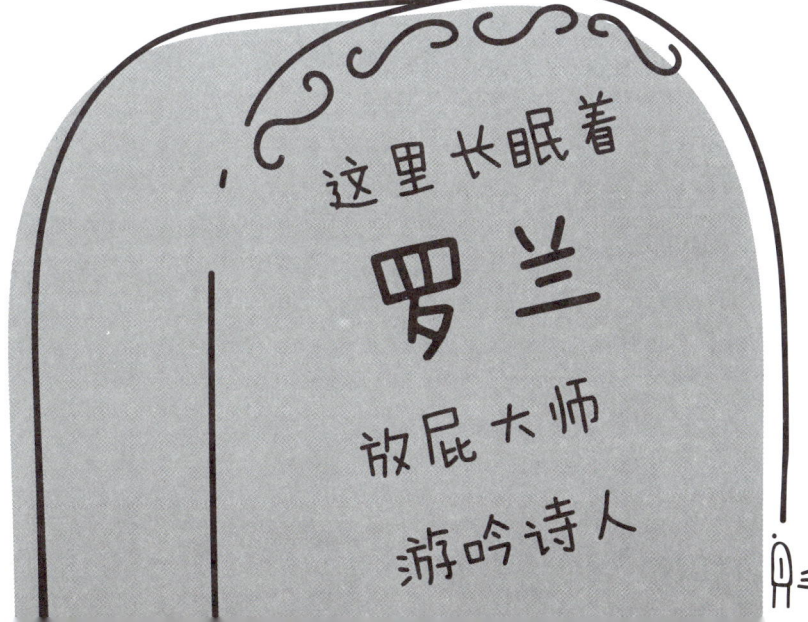

史上大型放屁事件

犹太历史学家约瑟夫（Flavius Josephus）写于公元 75 年的著作《犹太战记》（The Wars of the Jews）中描述的事件被认为是史上最臭名昭著的屁。一名粗野的士兵在逾越节期间对着耶路撒冷的犹太教徒放屁，结果导致一场骚乱和惨烈的踩踏事件，造成 1 万人死亡。关于这名士兵毫无遮掩的粗鲁行为是否只是为了侮辱还存在一些争议，但是我们还是继续聊聊屁吧。

希腊历史学家希罗多德（Herodotus）讲述了公元前 569 年不得人心的埃及国王阿普里埃司（King Apries）派自己的智囊帕塔尔目米司（Patarbemis）前去应对叛军将领阿玛西斯（Amasis）。阿玛西斯以一个屁回应帕塔尔目米司，并将他赶回阿普里埃司那里。回归的帕塔尔目米司因任务失败而被国王割掉了耳朵和鼻子。已经对国王不满的埃及人被国王的这一行径激怒，纷纷加入叛军队伍。结果国王被击败，而最终在数年后试图夺回王位时死去。

毕达哥拉斯（Pythagorus）是生活在公元前 570—495 年的希腊哲学家，是将数学（推理）式的理性主义与宗教式的神秘主义相结合的毕达哥拉斯学派（Pythagoreanism）的创始人。他禁止他的追随者们吃豆子，有人认为这是出于抵制放屁原则或者（完全可以理解的）是担心放屁会将灵魂放出来……但是也有可能豆子是禁忌，因为它们与轮回转世有关。

有人认为希特勒一定长期遭受顽固胃炎的折磨,并伴有严重的胃肠胀气,因此也有人认为医生给他开过各种可能使他精神失常的药物。他有严重又磨人的消化问题这一点几乎没有争议,但是我担心的是围绕他的健康和治疗产生的问题——梅毒、君主主义(只有一个睾丸)、甲基苯丙胺(或称脱氧麻黄碱;俗称冰毒)成瘾[可以读一读诺曼·欧勒(Norman Ohler)那部引人注目的著作《沉醉:纳粹德国嗑药史》(Blitzed)]——是它们使人们对纳粹德国的恐惧减弱到对一个所谓精神病人的恐惧,将纳粹第三帝国的历史平凡化或者是为其辩解。

本杰明·富兰克林是美国的开国元勋之一,也因博闻广识而闻名于世。他曾是报社编辑,还做过印刷工,是远近两用眼镜的发明者,也曾担任邮政大臣。1781 年,时任驻法大使的富兰克林还写了一篇题为《傲慢地放屁》(又题为《致皇家学院一封关于"放屁"的信》)的讽刺文章,他说"我们这群人类生物所食食物相同,消化时内脏会创造或者制造出大量的风,这一点人尽皆知",他建议研发一些药物,能把极讨厌的屁转变成"不仅不会触犯到人,还能有像香水一样宜人"的气味。

整篇文章都在讽刺欧洲学术圈，他认为欧洲学术圈愈发做作、自命不凡又脱离现实。由于这是一篇讽刺性的文章，我们有理由认为他并没有真的鼓励投入更多的针对放屁的研究，他是在反讽那个时代的科学企图和付诸的努力行动大多是荒谬胡扯的。

但是现在，请听我说。其实人人都是杠精，只是程度不同，我想富兰克林只是不那么平和包容，有点爱生气。我们来看看富兰克林写这篇文章的那一年，也就是1781年取得了哪些"自命不凡"的科学进步：

- 赫歇尔发现天王星并向英国皇家学会报告
- Fontanta 描述出脑细胞的轴突
- 授予煤焦油制造专利
- 耶尔姆（Hjelm）分离出钼
- 《梅西尔星表》发表，详细介绍110个天体
- Méchain 发现了13个星系，一个行星状星云，一个疏散星团，一个球状星团和壮观的M51旋涡星系的伴星，矮星系NGC 5195

这些仅仅在一年内，1781年，在欧洲！老本，快躲起来，别讨打了。

网上具有历史意义的放屁事件

互联网上那些著名放屁事件的精彩视频是从电视直播节目中剪辑出来的，算是直播事故，但是我必须坦白，这样的事故也是我时常会出的（我那时大多已经压制不住汹涌欲出的屁），而我会花一个小时左右的时间去看这些视频。我个人最喜欢的视频是那位迷人的健身教

练带着三位同样魅力四射的女性一起进行名为"爱你的身体"的系列伸展运动。当她伸展双腿做准备动作时,放了一个响当当的低频屁,她和她的队友们大笑着在地板上打滚。此外,必须给好莱坞著名女演员乌比·戈德堡一个大赞。当她听到贝蒂·米德勒采访克莱尔·丹尼斯期间谈到她的电视剧对世界有多么重要时做了一件真正让人芒刺在背的事。谁知道傲慢也是有味道的?

无论你做什么,都不要搜索"被屁吓到的宝宝们视频集锦"。

文学作品中的屁

人类有文字记载的第一个笑话出现在公元前 1900 年,是关于屁的*。我们推崇的众多伟大作家也会在他们的作品中讲到屁。屁是完全天然的又具有攻击性,简直是辱骂的素材宝库:它们粗鲁无理但不猥琐,是私密的但又与性无关,具有无与伦比的生物学价值和自我厌恶的双重性。希腊剧作家 **阿里斯多芬尼斯** 的《云》(公元前 423 年)和《蛙》(公元前 405 年)都畅谈了屁,而不是一言带过。他真的去了城里,详细描述了"啪-啪-啪啪嘶"雷鸣般的屁响。罗马政治家、哲学家、演说家 **西尼加**(公元前 4 年—公元 65 年)和古罗马文学"黄金时代"的代表人物之一 **贺拉斯** 都曾以屁取乐。

乔叟 那本写于 1386 年至 1399 年的著作《坎特伯雷故事集》是人人憎恨的学校规定的必读书之一,直到学生们读到粗鄙的磨坊主的故

---

* 这个笑话是这样的:"自古以来从未发生的事:年轻的女人没在她的丈夫腿上放过屁。"我是懂了,但是这好笑吗?

事中那位拘谨害羞的教堂管事被人戏耍将一位女士毛茸茸的屁股当成嘴唇亲吻后,用烧红的铁犁戳向放了雷一样响的屁的戏耍者的屁股复仇等情节时,所有人都开始喜欢这本书。而法庭差役的故事说的主要是如何与游乞僧分享一个屁。

莎士比亚 委婉地布置了屁的情节,并且带着令人意外的庄重感。他经典的关于屁的文字来自闹剧《错误的喜剧》(The Comedy of Errors):"说得倒很凶,大哥,可是空话就等于空气。他也可以照样还敬你,往你脸上放个屁。"(注:引自朱生豪先生的译文)这不是他写的最出色的一幕,但《错误的喜剧》余下的情节也没有更出彩的了。

我最喜爱的屁之文学大作出自 **乔纳森·斯威夫特**(Jonathan Swift,英国政治家及小说家),这位真是一个妙人,总是忍不住讽刺那些他认为自命不凡、妄自尊大的人。在1722年出版的《放屁的好处》(The Benefit of Farting Explain'd)一书中,他以"放屁这种该死的低级玩意儿"为乐,猛烈地抨击了法国人,他说,与英国人相比,法国人连屁和粪便都弱得可怜。这本小册子是对唐恩主教和康纳的那本《禁食的好处》(The Benefit of Fasting)诙谐的改编。尽管这本书有点哗众取宠,但他的热情让这本书非常有趣。他以克拉科夫大学夸夸其谈系教授Don Fartinando Puff-indorst的笔名署名,整个作品给人一种清新的感觉。单看扉页:

"应卿之屁郡的领主挡噗女士的使用要求而翻译成英文。作者:俄巴底亚·嘶嘶,撒丁岛屁屁米尼公主御用厕所男仆。本书由西蒙·屁股巴巴迪在长屁(爱尔朗福镇)废话滔滔大街对面,在有风乱转迹象时印刷而来。"

第 5 章 屁的冷知识

斯威夫特提出屁分 5 种，从量级和臭味方面看彼此迥异，完全可以区分开来。第一种，*屁声洪亮，音调饱满或者能让人为之一振的屁*；第二种，*双重的屁*；第三种，*发出绵软无力嘶嘶声的屁*；第四种，*有湿度的屁*；第五种，*沉闷逆行的屁*。

阿拉伯民间故事集《天方夜谭》中有一个搞笑的关于肠胃之气的故事《阿布·哈桑如何阻断风》（又译《银匠哈桑的奇遇》）。还有许多妙笔生花的作家放任屁在字里行间穿行，包括但丁、马克·吐温（"你们聊得火热，一个人吹出一阵风，散发出强烈的臭味，真是令人难以忍受，而所有人都笑得浑身酸痛……"），还有拉伯雷、本·琼森、维克多·雨果和巴尔扎克。

"写屁会不会让人觉得污秽肮脏？"我思考过这个问题的答案，我想说"永远不会"。但是我错了。詹姆斯·乔伊斯在你能想象到的最粗俗的情书里写下了非常肮脏、污秽不堪的屁的语言。我真的很震惊，也就是说，一个将过去一年大部分时间都用于在搜索引擎中输入"肛门（anus）"这个词的男人居然也会感到震惊（别去搜索，就是别去。我这么做了，但你没必要）。

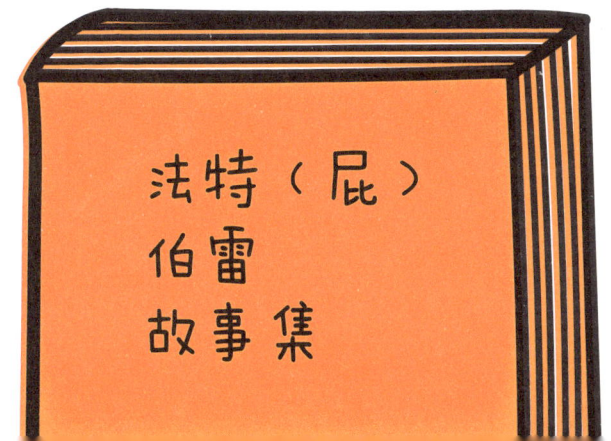

屁的俚语小词典

大作家和小作家们都在热情地耕耘着"屁"这片肥沃的语言沃土,并取得了不同程度的成功。最好的那些让你目眩神迷了半秒钟。

英文中屁的十大委婉说法

1. Get out and walk, Donald（出去走走吧，唐纳德）
2. Brown thunder（棕色的雷）
3. The toothless one speaks（没有牙齿的那个说话了）
4. Butt dumpling（屁股馅儿汤团）
5. Mud duck（泥鸭子，不受欢迎没有吸引力的人）
6. Greaser（润滑工）
7. Thunder from down under（南边来的雷。注：看地图辨位有南下北上之说）
8. Stepped on a frog（踩了一只蛙）
9. Shart（放屁时喷出屎，shit 和 fart 的合成词）
10. Release the hounds（释放烦忧）

屁的十大漂亮的迷惑用语

1. Air tulip（空气郁金香）
2. Answering the call of the wild burrito（对野生玉米煎饼的呼唤做出的回答）
3. Barking spider（吠叫的蜘蛛）
4. Fluffy（松松茸茸又空空）
5. String of pearls（珍珠串）
6. Roast the jockeys（如坐烤炉的骑手）
7. Grundle rumble（会阴隆隆声）
8. Let Polly out of jail（放波莉出狱，意为在大庭广众之下放屁）
9. Shoot a bunny（射中一只兔子）
10. Cockney cheers（伦敦东区口音的干杯）

儿童适用的十大屁的调侃逗趣用语

1. Cheeky squeaky（厚脸皮的吱吱声）
2. Great big flowery woof woof（巨大而又绚丽的低吠）
3. Step on a duck（踩到鸭子）
4. Bumsen burner（崩爆的燃烧炉）
5. Benchwarmer（凳子加热器）
6. Beefy eggo（牛肉味的冷冻华夫饼）
7. Great big blast of joy（巨大的欢乐冲击波）
8. Bottom burp（屁屁打嗝）
9. Cut the cheese（切奶酪，等于cry a cheese）
10. Great brown cloud of fun（一大团有趣的棕色云）

屁的十大微臭委婉语

1. Arse flapper（屁股拍打器）
2. Crack a rat（打到老鼠）
3. Butt bongos（屁股小对鼓）
4. Gravy pants（肉汁调味裤）
5. Blasting the arse trumpet（爆开屁股的喇叭）
6. Fecal fumigation（粪便烟熏法）
7. Exhume the dinner corpse（掘出晚餐的残尸）
8. Arse trumpet（屁股吹喇叭）
9. Turd tremor（粪便振动）
10. Heinous anus（暴怒的肛门）

屁的多语种用法

1. Pet （源自法国屁艺人裴托曼先生Pétomane） 法语
2. Furz（焊接的粗俗说法） 德语
3. Scoreggia 意大利语
4. Perdet 俄语
5. Brodler （比利时南部的）窝龙语
6. Rhech 威尔士语
 （例如 'Fel rhech mewn pot jam'：''像果酱罐里的屁''或者''没用的''）
7. Jamba 斯瓦西里语
8. El pedo 西班牙语
9. Apaan vaayu 北印地语
10. Durta 阿拉伯语

简明牛津英语词典中对屁的解释

Fart /fɑːt/ 动. & 名. 俚语。不及物动词：1. 从肛门里放出风。2.（后加about、around）行为举止蠢笨可笑；浪费时间。名词：1. 从肛门里放出来的气流／风。2. 讨厌的人。[古英语（收录为动名词 feorting）源自日耳曼语]

我要感谢的人

非常感谢我的好朋友安德里亚·塞拉（机灵鬼），在我的电话号码本里，他的名字是"劳累过度的化学水果蛋糕"。是他让我有了用科学探究食物的想法，而且，如何以新的方式讲述那些被我们吃进嘴里的东西的故事都是他的点子。几年前，我们偶然想到做一个关于屁的科普节目，并且真的去做了。当我们看到观众们在笑到大汗淋漓的同时还学到了复杂的各种学科的知识时，我们意识到我们所做的一切有了特别的意义。英国应该为其蓬勃发展的科学普及运动感到无比自豪，我也非常感谢各种开明的组织机构，从切尔滕纳姆科学节（Cheltenham Science Festival）到巴特林兹（Butlins，要特别感谢迈克·戈多尔芬），他们为我提供了非常大的、可以创造快乐、传播知识的平台。还有很多放屁爱好者以不同的方式给予我诸多帮助，去完成这本书：希瑟·菲茨克、马克·利思戈、穆罕默德·萨迪奇、克里斯·克拉克、休·伍德沃德、查理·特利博、西奥·布洛瑟姆、菲利普·伍德兰、亚历克斯·曼斯、史蒂夫·皮尔斯、保罗·麦克奈特、尤恩·贝利、布罗迪·汤姆森、伊莱扎·哈兹伍德、简·克劳克森、波拉·加森、路易丝·莱夫特威克、尼古拉斯·卡鲁索、丹妮拉·拉巴奥蒂、谢尔丽·马特里和吉娜·柯林斯。

Quadrille 出版公司的萨拉·拉韦勒，太感谢你能允许我出于个人对屁的痴迷而"污"了 Quadrille 的好名声出版了这本书（我当着一半团队成员的面放屁这种行为也能被允许，真的很感谢你）。我也非常感谢 Quadrille 出版公司的哈里特·韦伯斯特和凯西·斯蒂尔，还有其他为这本书出版而付出努力的每一位 Quadrille 的成员。卢克·波德，你为本书做的设计真是太出色了。

感谢我可爱的女儿们：黛西、波比和乔治娅。很抱歉，在这本书的创作过程中让你们忍受各种糟糕透顶的气味。

最后，非常感谢来看我节目的好观众们，在现场看着我们在舞台上进行一些很令人作呕的科学探索，和 Gastronaut 团队一起开怀大笑。我爱你们！

This is translation of Fartology, first published in 2018 Quadrille, an imprint of Hardie Grant Publishing
Text © Stefan Gates 2018
Design and layout © Quadrille Publishing Limited 2018
All rights reserved,

©2020 辽宁科学技术出版社
著作权合同登记号：第 06-2018-401 号。

图书在版编目（CIP）数据

一本正经屁学 /（英）斯蒂芬·盖茨著；刘咏钢译. — 沈阳：辽宁科学技术出版社，2020.5
ISBN 978-7-5591-1421-1

Ⅰ. ①一… Ⅱ. ①斯… ②刘… Ⅲ. ①科学知识 – 普及读物 Ⅳ. ① Z228

中国版本图书馆 CIP 数据核字 (2019) 第 268902 号

出版发行：辽宁科学技术出版社
（地址：沈阳市和平区十一纬路 25 号 邮编：110003）
印 刷 者：辽宁新华印务有限公司
经 销 者：各地新华书店
幅面尺寸：130mm×185mm
印　　张：4.5
字　　数：70 千字
出版时间：2020 年 5 月第 1 版
印刷时间：2020 年 5 月第 1 次印刷
责任编辑：殷　倩
封面设计：李　莹
版式设计：李　莹
责任校对：周　文

书 号：ISBN 978-7-5591-1421-1
定 价：39.80 元

联系电话：024-23280272
投稿与合作等事宜请致电
或者 QQ 185495232